Mischa Hammarnejd

# Varats sång

– slutet på sökande –

Varats sång

© Mischa Hammarnejd, 2023

Rubriker: Didot
Brödtext: Baskerville
Beskrivande text: Futura

Förlag: BoD – Books on Demand, Stockholm, Sverige

Tryck: BoD – Books on Demand, Norderstedt, Tyskland

ISBN: 978-91-7463-677-2

# Innehåll

# En kort summering om Mischa får hamna här...

En ovanligt nyfiken och sanningshungrig pojke växte upp relativt obehindrat och fritt, fick vingar i datorns nya värld, ansträngde sig hårt för utforska kristendomens innersta väsen (som han inte sett det sanna i och djupet av förrän på senare år!), surfade glatt vidare – ivrigt påhejad – på den nya vågen av trycksaksproduktionens digitaliserande, höll sig stadigt till kunskapens väg som var så öppen, eftertraktad och lockande, och han hamnade så småningom i vad han trodde var början på livets yppersta tillfredsställelse. Men ack, så han faktiskt bedrog sig! Hans liv var – om än med djup eftertanke och en del ihärdigt kämpande – uppbyggt på föränderlighetens och subjektivitetens gungfly, som huset byggt på lösan sand. Nästan utan förvarning stod han ganska plötsligt ensam – men då hade resan som den här boken handlar om redan påbörjats, och han anade att något mycket stort och mystiskt* skulle avtäckas för sin syn. Så blev det.

Under tio solvarv har han nu badat i insikter och upplevelser* som den västerländska och materialistiskt* dualistiska* kultur han fostrats i, inte lämnat mycket utrymme för alls. En av de för honom helt otänkbara frukterna av de solvarven, är denna lilla bok. Han fortsätter dock att njuta av varats innersta och fortsätter att utforska dess oändliga former och uttryck, utan vare sig ambitioner eller sökande. Vartåt vägen bär och vad som komma skall bekymrar honom inte längre, för nu har det besannats: Hem är där hjärtat är, och det har han aldrig lämnat.

# Förord

**Mischa** är ett namn som tilldelats en form, figur, filur, en person* som lystrar när det namnet nämns.

Den person som kallas Mischa är å ena sidan ingenting speciellt, är inte speciell på något vis. Å andra sidan finns det ingen annan person som denna, så på det sättet är den speciell, precis som alla andra (nyligen åtta miljarder) personer är speciella. Att denna person är speciell är sålunda inte speciellt speciellt…

Men… Vad som upplever hur det är att vara denna person som kallas Mischa, genom ganska många solvarv nu, är mer än och vad som inrymmer personen. Jag uttrycker mig genom bland annat denna person, och just nu uttrycker jag mig genom vad som skrivs i denna bok. I det sammanhanget vill jag nämna några saker:

- Denna text gör inga anspråk på "Sanningen" som jag skulle besitta och vilja förmedla till läsaren. Dock, att jag uttrycker något med denna text, och att denna text förstås i läsaren är upplevelser som är sanna. När det jag uttrycker förstås i läsaren, då möts vi på ett sätt – något i mig sammansmälter med något i läsaren, och detta "något" är samma, identiskt i upplevelsen. När den upplevelsen händer, vet vi, ser och känner vi det – eftersom det upplevs! Det räcker så. Allt annat vore att komplicera vad som är sant, och dessutom helt i onödan, eftersom vi redan ser och vet att det är sant.
- Det finns inget direkt syfte med denna bok. Det enda jag känner, är att något vill uttryckas. Vad som utrycks handlar ytterst – eller snarare innerst – om hur det är att vara, framför allt generellt varande och i viss mån specifikt varande som personen Mischa. Jag önskar att läsaren kommer ihåg detta genom läsandet – hur det är att vara, eller att vara till, som man också brukar säga.
- Många gånger låter uttrycken kanske som att jag skulle vara upprörd över något, men så är det inte. Det låter kanske så eftersom det i just mitt psyke* finns något gammalt och inlärt, att se lite svart och vitt på saker, lite kategoriskt. Det har varit min persons sätt att förhålla sig till olika spörsmål genom livet, av många randiga skäl – men jag hoppas att detta inte skymmer sikten för spörsmålen.

- Jag försöker inte skriva på ett sätt som appellerar till intellektet, snarare tvärtom, för att nå vad som är innan eller "hitom" intellektet hos läsaren – precis som de upplevelser som beskrivs äger rum innan eller hitom mitt eget intellekt. Därför följer skrivandet inte några förutbestämda ramar eller regler, varken akademiska eller litterära. Dock sker skrivandet ofta i någon slags puls eller rytm som kan se poetisk ut, men det har inte varit min avsikt. Det skrivs på ett sätt som liksom stämmer med hur det känns när det skrivs. Skrivandet sker ofta lite som andningen, en rad per andetag, ungefär. Kanhända gynnar det läsandet och förståelsen ifall texterna läses på ungefär samma sätt.

- Det finns en grundläggande princip bakom varje text; att den verkligen kommer ur den direkta upplevelsen av vad texten handlar om. I praktiken har det gått till så att när jag upplever något – ofta mycket starkt, ofta flera gånger – vill jag liksom dokumentera upplevelsen på något sätt, och på så sätt dubbelkolla för mig själv att upplevelsen är så pass tydlig att jag kan ge uttryck för den, som en slags bekräftelse på dess – och min – autenticitet.

- Ok, det finns en princip till: Upplevelsen är ett verklighetstest, eftersom den är sann, verklig* (och då menar jag inte *uppfattning* – se i ordlistan hur upplevelse och uppfattning ofta förväxlas!) Upplevelsen är alltså sann. Vad som omöjligen kan upplevas är därför osant, dvs. falskt. Vi kan t.ex inte uppleva en tvådimensionell oval triangel, som därför är både praktiskt och konceptuellt* osann, dvs. falsk. Den som vill gräva mer i det som i vetenskapliga sammanhang kallas *empiri* kan göra det. Men det vetenskapliga lämnar jag därhän, eftersom vi redan vet att vi upplever, och inte behöver någon vetenskap eller kunskap för att varken bevisa eller bekräfta vad vi redan vet. Det är just denna vetskap, detta seende – innan och hitom intellektet – som jag vill ge uttryck för i denna bok.

- På samma gång vill jag på något sätt avmystifiera "andlighet". Det finns så många sätt att se på vad somliga kallar för andlighet, spiritualitet eller liknande, men jag ser ingen anledning till att prenumerera på något av dem – kanske tvärtom, till och med. Varje människa har möjlighet att se, veta och känna vad hen verkligen är, innerst inne, innan alla etiketter och titlar läggs på upplevelsen. Det är därifrån dessa texter kommer.

- Om jag citerar någon annans text, finns källan angiven. Texter utan angiven källa har jag skrivit.

- I ordlistan längst bak finns ord som när de används för första gången är försedda med en asterisk.

## Strukturen på denna bok

Medan jag sätter ihop texterna till denna bok, märker jag att det blir någon slags struktur. Strukturen har blivit kapitelindelningen där texterna fick någonstans att landa i. Upplevelserna som sker innan och hitom alla texter kan man indela i olika "teman", och jag har försökt sortera texterna så. Innehållet i temana, kapitlen, är någorlunda kronologiska, exempelvis skedde utforskandet av maskulint & feminint ganska sent på min resa, och inom varje kapitel är texterna också någorlunda kronologiska. Kronologin spelar dock mindre roll, insikterna är vad de är ändå, och står lika bra för sig själva eller i ett sammanhang.

Jag anar att en av orsakerna till varför det verkar vara så svårt att i vårt språk uttrycka insikterna om icke-dualistisk* verklighet, troligen är att språket utvecklats så länge i en kultur där den insikten varit tämligen sällsynt.

## Vad handlar denna bok om?

Jag målar av seendet.
Jag målar med ord.
Se inte mina ord.
Var seendet.
Seendet som är hitom att det läses på pappret.
Hitom att våra ögonglober fokuserar på texten.
Hitom förståelsen av orden.
Hitom, hitom, hitom…
där det endast finns upplevelse,
upplevelsen av vad orden pekar på.

Lika lite som konstnären som målar en tavla
avser att betraktaren ska se målarfärgen
och hur penseldragen är gjorda,
avser jag att du ser mina ord.

Konstnären avser att betraktaren ser motivet
på samma sätt som konstnären såg det
när han målade tavlan.
Konstnären avser att betraktaren ska se
på samma sätt som konstnären såg,
och därmed uppleva att vara samma seende.

På samma sätt avser jag
att du ser vad orden pekar på,
nämligen upplevelsen av att vara
vad som upplever,
att du då kan se vad mina ord beskriver,
och därmed uppleva att vara samma seende som jag är.

När du läser dessa ord
om vad det är som upplever,
känner du med största sannolikhet
att du är vad som upplever,
på samma sätt som när jag skriver dessa ord,
att jag skriver dem utifrån upplevelsen
av att vara vad som upplever.

Du känner kanske smaken av, doften av,
känner vibrationerna av någonting
som du inte kan beskriva med ord,
nämligen att du är vad som upplever.
Visst har det en smak, en doft,
en vibration som du känner igen.
Jag vill föreslå att du känner igen
eftersom också du är vad som upplever.
Du känner att du är vad som upplever när du läser dessa ord,
liksom jag känner att jag är vad som upplever när jag skriver dessa ord.

Ur detta går att utläsa att du och jag är samma,
att du och jag är detta samma som upplever.
Vad som upplevs förändrar inte vad vi är.
Ingenting kan förändra vad vi är.
Inte vår historia, inte vad vi upplever nu,
och inte vad vi kommer att uppleva.
Vad vi är, är därför både början och slutet,
alfa och omega.
Vad vi är, har därför varken början eller slut,
utan är både alltings början och alltings slut.

# Varför jag skriver – eller inte

Jag har ingen världsåskådning
eller förklaringsmodell för verkligheten.
Om jag säger eller skriver något,
så har det ingenting med verkligheten att göra.
Om du har en uppfattning att
det är därför jag skriver, så är den i dig,
och jag kan inte stå till svars för den.

Jag endast är och upplever.
Vad jag upplever eller inte
påverkar inte vad jag är.
Av någon anledning
som jag inte begriper,
rapporterar jag ur upplevelsen.
Och jag lyckas inte över huvud taget.

Det finns alltid något i vägen.
Fel ord, intellektet kommer emellan,
fel grammatik, ord som inte räcker till,
missförstånd i vår kultur,
ålder, bakgrund, genus…
Aldrig någonsin har jag egentligen trott
att det någonsin skulle lyckas.

Men ändå flyter det ur mig,
att försöka beskriva eller rapportera från
vad som är ovedersägligt Sant.
Det är samtidigt befriande,
för jag har egentligen inget annat att skriva.
Då är jag hellre helt tyst.
Och då, hör och häpna:

Då talar Sanning.

# KAPITEL 1

# Födelse

Början på denna resa är en födelse som inte är den fysiska. Skämtsamt citeras ofta Kierkegaards *Livet kan bara förstås baklänges, men det måste levas framlänges* – men det skrevs säkert inte som ett skämt, för ungefär så känner jag det faktiskt nuförtiden. För ett decennium sedan började det gå upp någonting för mig, och den processen skulle jag kunna beskriva som en slags födelse, i bemärkelsen att nu först insåg jag vad mitt jordeliv och min person egentligen alltid varit och är. Än en gång; detta är med största sannolikhet inget unikt, många känner det säkert så, på vad som brukar kallas ålderns höst. Insikterna var dock så omvälvande att jag i backspegeln kan kalla det för en slags födelse.

Bäbisen Mischa blev lärd att han var något **annat** än sina föräldrar och syskon och något annat än världen, och kanske var det alldeles nödvändigt – men nu får jag ynnesten att upptäcka att vad som var bäbisen och är vad som skriver detta också är vad som läser detta och hela världen! Att jag är vad som upplever allt – **och** allt som upplevs.

# Drama är början…

Sommaren 2011. På en liten byfest hamnar jag vid bordet mitt emot en mycket erfaren åländsk teatermänniska som berättar om sin tid i teaterns värld, både som regissör och skådespelare. Efter att ha lyssnat på henne en god stund, kommenterar jag hennes berättelse.

–"Aldrig att jag skulle kunna spela en roll i teatersammanhang – jag har aldrig kunnat vara något annat än mig själv."

–"Ha!", svarar hon rappt, –"Om du skulle göra en roll i en pjäs, skulle du se och ta fram sidor hos dig själv som du inte ens vet om att du har!"

Jag tar det, i all hemlighet, som en utmaning. Och börjar fundera…

Ett år senare går jag med i en liten teatergrupp för nybörjare, i kommunens anrika föreningslokal, och sommaren 2013 spelar jag teater för första gången i mitt liv – som Smirnov i Anton Tjechovs *Björnen*.

Innan jag kommer in på scen, står jag i kulissen och väntar spänt. Hjärtat bultar och blodtrycket stiger, och det känns både härligt och läskigt. Jag bestämmer mig för att det värsta som kan hända är att jag svimmar och pjäsen måste avbrytas. Men, i samma ögonblick som jag tar ett steg ut från kulissen och möter blickarna från publiken, känns det som att jag **är** Smirnov – och då gör och säger jag vad han skulle göra och säga i det som just nu händer i manuskriptet på scenen. Allt detta sker helt naturligt och utan tanke på varken min egen person eller hjärtklappningen. Publikens tillåtande öppenhet och mottaglighet för vad som utspelas känns som ett enda stort kärleksvakuum som suger i sig det som händer på scenen – inte en passiv tomhet, tvärtom, ett oändligt "energifält" av aktivt mottagande. Och i det fältet känner jag en frihet som jag aldrig tidigare känt, att bara vara vad jag är – och just nu är jag Smirnov. Men självklart är dessa ord en efterkonstruktion, jag tänker inte så när jag gör rollen, jag bara flyter med i vad som händer, och i detta flyt, händer det enda som kan hända, givet de förutsättningar som finns för rollkaraktären – vad de andra rollerna säger och gör, kläderna jag bär, rekvisitan, ja allt som finns i Smirnovs värld just nu – och vad som händer, är vad vi efteråt kan kalla pjäsen *Björnen*. Men när det händer, då minsann är det Nu!

*Björnen* blir starten på några år i teatervärlden, genom fyra större produktioner och flera små som jag sätter upp själv. Tillsammans med min dotter och en vän (båda med teatervana) försöker vi senare sätta upp en pjäs som vi själva skrivit, en pjäs i lite större format, men finansieringen löser sig inte, så den blir inte av. Men vi får mersmak av att göra film när vi gör några korta reklamfilmer för pjäsen. Vi köper därefter lite filmutrustning och gör fyra andra kortfilmer tillsammans med flera andra vänner.

Drama, ja. Att göra en roll. Vad som hände mig i pjäsen *Björnen*, händer fortfarande varje gång jag agerar. När det gäller själva agerandet, är det ingen större skillnad mellan att ha en levande publik eller en kamera framför mig. I rollen är jag den, och vad jag gör och säger i rollen är lika naturligt som när jag handlar i butiken eller pratar med folk på jobbet.

Jag verkar ta det här med att göra en roll "ett steg längre" än vad jag hört tidigare. *Om du skulle göra en roll i en pjäs, skulle du se och ta fram sidor hos dig själv som du inte ens vet om att du har!* påstod teaterkvinnan. Nu har jag upplevt hur det är att vara många olika roller, med många olika sidor, och även hur det tas emot i en publik. Men när jag handlar i butiken eller pratar med folk på jobbet, är inte det också en roll? Allt jag gör och säger i min vardagliga roll, är inte också det inövat, inlärt och betingat av allt som varit och är mina förutsättningar, vad de andra (rollerna) säger och gör, kläderna jag bär, rekvisitan, ja allt som finns i den värld jag upplever just nu? Vad är det som säger, dikterar, regisserar mig att göra just vad jag gör och säger i min vardagliga roll? Och måste det nödvändigtvis vara på ett visst sätt, på det invanda sättet "som jag alltid gjort"?

Så här går funderingarna. Sedan tidig ålder van vid att ifrågasätta inlärda sätt att tänka och göra, ifrågasätter jag nu även saker i mitt liv som är inlärda och betingade – och vad just min roll egentligen är, och hur den skulle kunna se ut om jag verkligen insåg det.

Precis på samma sätt som skådespelaren inte förändras, varken förstoras eller förminskas, varken vinner eller förlorar något av sig själv när hen spelar en viss roll, visar det sig ganska snart att även när min vardagliga roll förändras, så förändras inte vad jag verkligen är.

Fantasin är inte ett tillstånd, den är människans själva existens*.

**William Blake (1757–1827)**

Mot slutet på 2013 står det klart att min partner och jag hade gått ganska olika vägar sedan vi träffades, även om jag hela tiden inbillat mig att det var samma väg.

Detta kommer som en smärre chock för mig, och den sätter igång en period av introspektion, kvällar och nätter fylls med att läsa böcker och på internet medan de andra sov.

Musik betyder mycket för mig. När jag lyssnar på *The Dream Within* från filmen *Final Fantasy – The Spirits Within* rinner tårarna ymnigt och det känns som att hela världens sorg väller över mig. Då skriver jag detta för att liksom "få det ur mig".

# Var är den värld?

den värld där vi älskar varandra
där vi har öppna hjärtan
öppna för varandra och varandras behov

Varför börjar vi inte bara tro
och låter vår tro leda

Släppa taget
bli fria
våga bli fria

Ingen av oss vill se någon lida
eller vara utan kärlek

Vad skiljer oss från varandra?
Kan vi inte se vad det är tillsammans
och besluta oss för
att nu får det vara nog
så att vi lämnar allt som skiljer oss
och rusar mot allt som förenar oss

Du vet
i din närhet finns de
de som behöver dig
vad du kan ge,
spring, skynda dit
du blir självklart mottagen
var inte rädd

Spring till din granne, din kära, ditt barn
skynda till varandra
för visst vill vi samma
visst är vi samma

Var är den värld
där vi kan leva
i harmoni och välbehag

Film fascinerade mig sedan barnsben. När jag i min introspektion i slutet av 2013 ser filmen *Total Recall* (2012) där Matthias (Bill Nighy) ifrågasätter Hauser (Colin Farrell), säger Matthias något som verkligen griper tag i mig. Det inleder mitt eget sökande efter vad jag egentligen är.

Hauser: –Jag vill minnas.
Matthias: –Varför?
Hauser: –Så jag kan vara mig själv. Vara den jag var.
Matthias: –Det är varje människas resa, att ta reda på vem man egentligen är. Men svaret på det ligger i nuet, inte i det förflutna. Som det är för oss alla.
Hauser: –Men det förflutna berättar för oss vilka vi blivit.
Matthias: –Det förflutna är något som psyket konstruerat. Det förblindar oss och får oss att tro på det. Men hjärtat vill leva i nuet. Leta där. Du kommer att hitta ditt svar.

Något mycket ovanligt och märkligt händer mig strax därefter när jag står i kö med ett par vänner för att beställa pizza. In i lokalen kommer några människor som jag inte känner, och en av dem går rakt emot mig med bestämda steg, ställer sig mitt framför mig en halvmeter ifrån, tittar mig rakt i ögonen och säger:

*Kommer du ihåg vad du var*
*innan världen talade om för dig*
*vad du borde vara?*

Han går sedan tillbaka till sina vänner, utan att säga något mer och utan att se på mig mer. Mina vänner har sett vad som hände och är lika förvånade som jag.

Jag har inte träffat killen varken innan eller efter vad som hände, men senare får jag av andra reda på vem han är, så det var ingen ängel eller inbillad person, i alla fall.

Det han frågade mig stannade i mig länge, tills jag en dag långt senare lyckas googla mig fram till att det faktiskt var ett citat, närmare bestämt något som Charles Bukowski lär ha sagt eller skrivit. Inte vet jag desto mer om Charles, men nog kände jag att citatet landade skönt i mig, alldeles oavsett hur eller varför det kom genom den okände vännen på det viset.

Nu börjar det gå upp för mig, att "det förflutna är en konstruktion", och letar jag där, hittar jag inte vad jag är, eftersom jag är vad jag är nu, inte då. Och att vad som upplever både mina minnen och nuet, är vad jag är. Nu.

Nästan som i ett meditativt* tillstånd, helt fokuserad på upplevelsen att vara till, sitter jag i några år, långa stunder, många timmar, med många författares, föreläsares, poeters, filosofters* och mystikers texter och föredrag – alltmedan vardagen flyter förbi i vanlig takt.

Forskare och vetenskapsmän som Susan Blackmore, Albert Einstein, Donald Hoffman, Bernardo Kastrup, Peter Russell, Rupert Sheldrake, och flera andra passerar revy på min datorskärm, liksom filosofer och mystiker som Adyashanti, Erik Baret, Werner Erhard, Jeff Foster, Dorothy Hunt, Jac O'Keeffe, Francis Lucille, Rupert Spira, Allan Watts, Ken Wilber och många fler.

När de nu eller nyss levande filosoferna pekar på gamla texter av bl.a Krishnamurti, Omar Khayyám, Nisargadatta, Ramana Maharshi, Rumi och Tagore, läser jag dem med stor förvåning: Vad tusenåriga texter, många filosofer och vetenskapsmän verkar peka på, är samma sak och något mycket tydligt.

Mitt sökande efter vad jag egentligen är, riktas nu inte utåt till materian eller världen, inte heller till vad som varit, utan "inåt" till vad det än är som just nu upplever alltihop – även själva sökandet och den som säger sig söka! Vad är det som är hitom alla upplevelser?

En människa är en del av det hela som vi kallar universum, en del som är begränsad i tid och rymd. Hen upplever sig själv, sina tankar och känslor, som något som är åtskilt från resten – en slags optisk villfarelse om medvetande.

Denna villfarelse är ett slags fängelse för oss, som begränsar oss till personliga begär och tillgivenhet för några få personer närmast oss. Vår uppgift måste vara att frigöra oss från detta fängelse genom att förstora vår medkänslas område så att vi omfamnar alla levande varelser och hela naturen i all sin skönhet.

En människas sanna värde avgörs först och främst av hur mycket och i vilken mening denne har frigjorts från "jaglet". Vi kommer att behöva ett väsentligt nytt sätt att tänka om mänskligheten ska kunna överleva.

...

[Vi] vet att distinktionen mellan det förflutna, nuet och framtiden endast är en envist ihärdig illusion*.

Albert Einstein (1879–1955)

Det kan låta akademiskt eller komplicerat att vara på en sådan här "upptäcktsfärd", men det är det verkligen inte. Tvärtom, eftersom **att uppleva** är vad vi är mest vana vid ända sedan innan födseln – vi har egentligen inte gjort något annat än att just uppleva! Så att utforska **vad det är** som upplever, kan inte vara konstigt eller något som varken behöver beskrivas eller förklaras av legitimerade filosofer eller andra inom akademin eller vetenskapen.

Jag tar fasta på vad Rupert Spira sade någon gång: *"För att förstå världen, är det en god idé att först förstå **vad som upplever den**."*

De första åren på denna resa träffar jag många andra som är intresserade av dessa frågor. Vi bollar frågor och smakar på svar, testar och rannsakar varandra i upplevelser som vi har och utforskar varandet på många olika sätt; i skapandet av musik, teater, film, webbsidor, texter mm.

Att börja förstå och känna vad som upplever, är så fascinerande att jag känner mig som en nyförälskad yngling. Jag kan sitta still, bara känna, uppleva, både sorg och smärta, likaväl som glädje och njutning – och samtidigt vara outgrundligt tillfreds med att vad jag är, vad som upplever hitom det som upplevs, alltjämt är detsamma, och varken förminskas eller förstoras, och är i grunden opåverkat av vad som upplevs.

Jag upptäcker även att det redan finns ett svenskt uttryck för detta: **Jämnmod.** Svenska Akademins Ordlistas definition är "vid gott humör trots motgångar".

## Om existens

Om inget ting, ingenting, kan uppstå ur ingenting – så följer att inget ting, ingenting kan försvinna, gå tillbaka till ingenting. Någonting vi alla vet verkligen existerar – kanske det enda som existerar – nämligen medvetande, kan varken uppstå eller försvinna!

## Producerar hjärnan medvetande?

Vad framträder en direkt upplevelse inuti? Medvetande som iakttar är närvarande redan innan den orsakade processen i hjärnan ens påbörjats. Så hjärnans processer kan omöjligen vara upphovet till det iakttagande medvetande som föregick dem. Dessa processer kan inte vara upphovet till vad som iakttar dem. Det var redan där!

**Goode, Greg.** *The Direct Path: A User Guide.* Non-Duality Press, 2012.

## Medvetande är verkligheten

– Om det finns endast en verklighet, alltings verklighet, då måste medvetande om verkligheten vara endast ett.
– Varför?
– Därför att medvetande då måste vara denna enda verklighet.

## Törst

Leta inte efter vatten.
Leta efter törst.

Rumi (1207-1273)

I min iver att försöka förmedla och spegla vad jag nu känner, hur det faktiskt är fullt möjligt – och dessutom mycket praktiskt – att se världen på detta sätt, skriver några vänner och jag många texter tillsammans, gör en webbplats för dem, gör manus till pjäser som vi skulle kunna sätta upp, senare gör vi spelfilmer, och i min bostad blir det många träffar där vi badar i upplevelser som tydligt visar på hur vi kan skifta fokus från **vad** vi ser, till **hur** vi ser. Här är ett par exempel:

Varje tankesystem baserat på idén att världen består av åtskilda materiella ting, och att materia därför utvecklat sitt eget medvetande, leder till ett misslyckande att tillfredsställa de skenbara önskningar och behov som dessa skenbart åtskilda entiteter har, och kommer till slut att falla. Varje tankekonstruktion i ett sådant tankesystem, kommer att missgynna sina tänkare och leda till lidande; avsaknad av kärlek, fred och lycka*.

Obönhörligen, som historien redan visat, leder sådana tankesystem till att man tror att en skenbar entitet eller befolkning är bättre eller mer värd än en annan, och då ser vi hur aggression och exploatering framträder, på både personlig och nationell nivå. Lidande blir återigen följden.

Dock leder allt lidande – efter uppriktig utforskning – oss till ett annat tankesystems sanning. En sanning som alla människor längtar att omfatta, en sanning som faktiskt alltid skiner genom även den mest materialistiska och dualistiska världsuppfattningen – därför att det i alltid närvarande och tidlöst medvetande inte finns något motstånd till varken materialism eller dualism. Verkligheten bara förhåller sig till och överensstämmer med vilken som helst och alla världsuppfattningar, hur de än avviker från direkt upplevelse av vad som är Sant.

Ett tankesystem baserat på idén (och faktiskt upplevd verklighet, om den utforskas

uppriktigt och rigoröst) att världen består av samma medvetande – som i sig själv är absolut fullbordan, i och genom vilket alla skenbart materiella former uppenbarar sig – kan inte misslyckas. I ett sådant tankesystem justerar sig alla tankekonstruktioner med dess inneboende fullbordan; kärlek, lycka och frid.

Vi längtar alla efter
att vara ett med gud.

Vi längtar alla efter
att vara ett med varandra.

Vi är det.

Vi har bara glömt det och misstagit vår identitet med något skenbart åtskilt.

Låt oss komma ihåg.

## Se ner på stjärnorna

Vi ligger i gräset och tittar förundrat och tyst på stjärnorna en höstkväll. Min dotter säger att vi kan se det som att vi faktiskt ser **ner** på stjärnorna.

Det tar mig ett tag, men helt plötsligt vänder det sig för mig, allt snurrar runt! Jorden ligger nu på min rygg och jag ser **ner** på stjärnorna. Och det känns så i hela min kropp.

I rymden finns självklart varken upp eller ner. Riktning är baserat på ett visst perspektiv – och det kan ändras!

# (Min) Kärleksförklaring

Jag älskar dig!

Jag älskar verkligen alla och allt jag någonsin kommit i kontakt med! Ni har – från det att jag tittade ut ur moderlivet till nu och alltid – sagt mig, visat mig, påmint mig om det enda pålitliga: Jag är, jag lever, jag är liv!

Till alla jag tidigare tyckte gjorde något elakt mot mig, kan jag djupt från hjärtat säga:

Tack för att ni är! Självklart är ni förlåtna, för det var inte vad ni gjorde som betydde någonting, utan att ni hjälpte mig fatta att jag är livet!

Till alla jag tidigare tyckte gjorde något snällt mot mig, kan jag djupt från hjärtat säga:

Någon gång i denna yra och eufori, tänker jag på alla gamla vänner, även dem jag tappat kontakten med efter flytten till Åland 2010, och jag skriver hur jag nu känner om vad vi varit med om tillsammans. Det blir inte något massutskick av det, men några får det som epost.

Tack för att ni är! Självklart blev jag tillfälligt glad för vad ni gjorde, men det som verkligen betydde något, var att ni hjälpte mig fatta att jag är livet!

Hur kan jag därför hålla någon för högre eller lägre, bättre eller sämre än någon annan? Nej, nåden att få leva livet med allt och alla, är för stor för att ens rymma tanken att jämföra, döma eller bedöma. Vi och allt är livet, alla och envar och tillsammans.

Det är livet och kärleken jag älskar. Inte sakerna, tingen och personerna i sig som livet innehållit, utan livet och kärleken själv. Men eftersom jag absolut inte kan hitta någon åtskillnad, ingen gräns, mellan livet och livets innehåll – därför kan jag bara älska dig och alla och allt som varit och är livet.

Vi är för alltid sammanvävda, vi är alla en och samma "varelse" av liv. Jag kan omöjligt göra någon slags meningsfull åtskillnad, eftersom – alltsedan min kropp var min mammas och pappas kropp, till när händelser och aktiviteter förde oss samman i livets magnifika väv – allt hänger ihop. Så jag kan varken ta bort, lägga till eller förändra något, inte ens hitta en orsak eller verkan till någonting – utan vi har varit och är sammanvävda, helt och fullt, och jag kan inte isolera mig från någon eller något i denna fantastiska och brokiga väv.

Och faktiskt: Även om jag tidigare försökt isolera mig, så var de försöken också med i livets väv – som aldrig bjuder motstånd mot att vävas! Varför skulle då jag?

Samtidigt är jag så innerligt tacksam för att du har älskat mig! Livet, du och jag, i samma virvlande dans, har mötts och setts, agerat, samarbetat och interagerat. Alldeles utan att varken du eller jag tänkte på det, var vi ett och samma sprudlande liv tillsammans! Och detta alldeles oavsett vad vi gjorde eller vad som hände.

Tack för att du är! Att du varit och är innehåll i livet, alldeles oavsett om jag då såg det som bra eller dåligt, rätt eller fel! Du har bidragit till den största uppenbarelsen, insikten och tacksamheten: Att jag älskar dig, att jag älskar livet, och att livet älskar mig!

Nu kan jag bara fortsätta att vara vad jag vet att jag är: Kärlek. Outgrundlig och ordlös, tid- och rumlös kärlek. Inget behöver förändras, livet i kärlek tar aldrig slut, även om våra handlingar och kroppar gör det, när den stunden kommer. Allt jag vill och är, är att älska och vara så nära att vi alltid påminns om att vi är ett, ett liv, en kärlek.

Jag kan inte låta bli att till slut ge er mitt favoritcitat, som kommit att betyda så mycket för mig. Kanske även för dig, min älskade.

# Varandet

Sprudlande är varandet,
tiden – blott ett skal.
När ögonblicket spricker, öppnas,
hoppar extasen ut
och slukar rymden;
kärleken blir galen
av välsignelserna som mina ord ger.

Varför lägger du dig
på det förflutnas
och framtidens tortyrredskap?
Om du försöker forma morgondagen
utöver sin kapacitet
finner du ingen ro.

Var vänlig mot dig själv, min kära –
mot våra oskyldiga galenskaper.
Glöm alla ljud eller beröringar
som inte hjälpte dig att dansa.
Du kommer att förstå
att allt utvecklar oss.

**Rumi (1207-1273)**

# Kunskap

Psykets kunskap om någonting, är endast så god som kunskapen om sig själv.

Därför finns inte högre kunskap än att känna psykets natur.

**Rupert Spira (1960–)**

Jag känner mig som nykläckt i detta nya seende på världen, det mesta verkar nu att egentligen vara på ett sätt som är 180° från hur jag sedan födseln fått höra av andra att det är.

Allt jag upplever, allt som förändras, upplevs i vad jag är - även mitt psyke och min kropp upplevs, och även de förändras.

Jag kan inte hitta något avstånd mellan vad jag är och vad jag upplever. Både fågelsången och smärtan från myggsticket händer i vad jag är. Liksom även vännen jag pratar med i telefon eller träffar på stan. Och telefonen. Och stan.

Hur världen ser ut, verkar nu mer bero på **hur** jag ser, inte **vad** jag ser.

Det känns så nytt och underbart att se världen så här. Det är som att den förhåller sig till och överensstämmer med hur jag ser, alldeles oavsett hur jag sett den tidigare. När jag nu ser den som något som framträder i vad jag är - och inte längre som att jag framträder i den - så känner jag samma öppenhet för vad världen är, som den är öppen för hur jag ser på den. Svårt att förklara...

I detta nya seende fylls jag med sådan förundran och vördnad för livets både stora och små saker, och inte längre som någonting utanför eller åtskilt vad jag är. De gamla mystikernas texter blir nu något jag omfamnar och känner samhörighet med.

## Vad som upplever

Vad som upplever materia och objekt, måste vara minst lika verkligt eller mer verkligt än vad som upplevs – men av direkt erfarenhet vet vi att det är mer verkligt: Medvetande.

## Allt i medvetande

Allt upplevt har alltid varit och skett i medvetande.

Inget upplevt har någonsin varit eller skett utanför medvetande.

Inget utanför medvetande är upplevt.

Allt är, sker och upplevs i medvetande.

Medvetande, det enda verkliga, är vad världen – alla ting inklusive oss människor – består av!

## Vi är samma

Faktum är, min själ och din är samma,
du framträder i mig, jag i dig,
vi gömmer oss i varandra.

Rumi (1207-1273)

## Gäst

Jag är endast en gäst
som fötts i denna värld,
för att känna hemligheterna
som ligger bortom den.

Rumi (1207-1273)

Psyket tvingar sina egna begränsningar på allt det ser och känner till, och därför framträder all dess kunskap och upplevelse som en reflektion av sina egna begränsningar. Det är av denna anledning vetenskapsmän aldrig kommer att upptäcka universums verklighet, förrän de är villiga att undersöka psykets natur. Allt som psyket känner till, är en reflektion av sina egna begränsningar.

**Rupert Spira (1960-)**

En människa reser över hela världen i sökandet efter vad han behöver och återvänder hem för att finna det.

**George A. Moore (1852-1933)**

Insikt är inget nytt att tillägna sig. Den är redan där, men hindras av en ridå av tankar. Alla våra ansträngningar är riktade mot att lyfta denna ridå, och då visar sig insikt.

**Ramana Maharshi (1879-1950)**

Det finns mitt i skogen en oväntad glänta som bara kan hittas av den som gått vilse.

**Thomas Tranströmer (1931-2015)**

Jag är vatten, jag är början.
Jag var före ekarna, gräset
och blommorna.
Jag var före fänaden, som avbetar gräset.
Jag var före svävande vinge
och löpande fot.
Jag var före humlorna, bina och fåglarna.

Jag var före sorgen och glädjen.
Jag var före gråten och skrattet.
Jag var före sången och spelet
och dansen.
Jag var före plågan och våndan
och ångesten på jorden.
Jag var före människornas släkt.

**Vilhelm Moberg (1898-1973)**

## Sökande

Söka efter mig själv, min sanna natur,
sanning, lycka, svar...
Söka och längta, begäret efter att hitta...

Därför är det skrivet:
"Begäret är början på lidande".
Inte för att vad jag längtar efter är dåligt,
inte att längtan i sig är dålig,
utan därför att längtan förblindar mig
från att se att jag redan är vad jag söker.

## Jag är du

På avstånd
ser du endast mitt ljus.
Kom närmare
och vet att Jag är du.

**Rumi (1207-1273)**

# Gud

## Vad är verkligheten?

Världen är en illusion.

Endast Brahman* är verklig.

Brahman är världen.

Ramana Maharshi (1879–1950)

I de flesta religioner som jag tittat på, framför allt kristendomen, ser jag nu att när man talar om gudomen, pekar de på vad som alltid är samma, är alltings ursprung, inrymmer allt och all upplevelse, både "gott och ont", är tid- och rumlöst osv. Eftersom det är definitionen av vad som kan kallas Medvetande, så ser jag det som att när mystiker från olika religioner talar om sin "Gud", så pekar de på vad jag kallar Medvetande.

Ögat, genom vilket jag ser Gud, är samma öga som Gud ser mig genom; mitt öga och Guds öga är ett öga, ett seende, ett vetande, en kärlek.

Meister Eckhart (1260 –1328)

Tystnad är guds språk,
allt annat är dålig översättning.

Rumi (1207-1273)

Gud sover i stenarna, drömmer i växterna, rör sig i djuren och vaknar i människan.

Ibn Arabi (1165–1240)

Jag finner det helt otroligt hur själva naturens uppbyggnad återspeglar vad den framträder i, det Sanna, Skaparen... I Ibn Arabis lilla text ovan kan man se:
• hur stenen representerar djup sömn. Tomt, men består ändå av Gud/drömmaren.
• hur växterna representerar drömmande. Många ting, men ingen interaktion, men består ändå av Gud/drömmaren.
• hur djuren representerar klardrömmande. Många ting, interaktion med dem, men består ändå av Gud/drömmaren.
• hur människan representerar vakenhet, när hen inser att hen själv och allt är samma, i samma Gud/drömmare, som allt framträder i och lånar sin verklighet av.

13

# Gömd gudom

En gammal hinduisk legend berättar om en tid för länge sedan då alla människor var gudar.

Människornas uppskattning av sin gudomliga natur var emellertid så ringa att de andra gudarna bestämde sig för att ta den ifrån dem.

Brahma, den högste guden, ville gömma människornas gudomlighet på ett ställe där de aldrig skulle hitta den och bad de andra gudarna hjälpa honom att finna den bästa platsen.

En föreslog att de skulle begrava människornas gudomlighet djupt i jorden, men Brahma trodde att de säkert skulle gräva tillräckligt djupt för att finna den.

En annan gud ville sänka den i det största havet, men Brahma trodde att människorna så småningom skulle lära sig att dyka tillräckligt djupt för att finna den och ta upp den igen.

En tredje föreslog att de skulle gömma den på toppen av det högsta berget, men Brahma visste att människorna till slut skulle klättra så högt att de erövrade varenda bergstopp på jorden.

Frustrerade slog de församlade gudarna fast att det inte fanns en enda plats på jorden som människorna inte skulle lära känna och erövra så småningom.

Så Brahma själv började fundera på olika sätt att gömma människornas gudomlighet.

Han tänkte länge, men till slut sade han: "Vi kan inte gömma deras gudomlighet på jorden, för de är fast beslutna att äga hela planeten. Men vi tar och gömmer den inom dem själva, för där kommer de aldrig att söka efter den".

Ända sedan dess har vi människor letat efter vår gudomlighet.

**(Okänd)**

---

# Överallt?

Gud är överallt? Men de flesta tror att Gud är någonstans, och att vi är någon annanstans. Men det finns ingenstans där Gud inte är. Där vi är, kan inte vara en bubbla där Gud inte finns. Där du är, är Gud. Däremellan finns ingen åtskillnad. All åtskillnad är illusorisk.

# KAPITEL 2

# Lackmustest

Lackmustest används i kemin för att testa surhetsgraden hos ett ämne. Begreppet "lack-mustest" används ibland som metafor* för att peka på ett klart och tydligt sätt att avgöra en fråga. Någon filosof menade att "upplevelsen är verklighetens lackmustest", dvs. om något kan upplevas, är det verkligt. Det börjar jag nu med, och låter alltså upplevelsen visa mig vad som är verkligt. Hittills har det fungerat mycket väl som test, och mycket av vad jag tidigare trott och tänkt visar sig inte ha någon verklighetsgrund. **Vad** jag tror att jag upplever ("solen värmer mig") behöver inte vara sant (det är i själva verket en kamin som värmer mig) – men upplevelsen (av värme) är sann.

# Jag åker inte på "retreat"

Tänkbart scenario: Jag åker på en retreat eller självhjälps-konferens, besöker en guru eller liknande, och tar med mig allt jag är dit. Jag upplever saker, och tar med mig allt jag är när jag åker tillbaka.

Upplevelserna förändrar ingenting (även om det kanske känns så en stund eller två). Upplevelser har inte utrustats med någon kraft eller energi alls, som skulle kunna förändra något av vad jag är.

Om det sker någon förändring, sker den precis där jag är, i mig, och jag kan egentligen inte i detalj berätta, ens för mig själv, om varför eller hur förändringen skedde. Och förändringen är, även den, endast en upplevelse.

Grundläggande i vår kulturs perspektiv, verkar det finnas en inbyggd tro att vi alltid är otillräckliga i oss själva och därför behöver externa hjälpmedel för att bli bättre. Och att känna sig tillräcklig i sig själv kan till och med anses vara fult, fel, egoistiskt osv. "Självtillräcklig" används ofta på nedsättande sätt i vårt språk.

Det känns som att detta perspektiv – för det är endast ett perspektiv – helt missar något sant och grundläggande: Vad jag än är, så är det där, i vad jag är, som allt upplevs. Även förändring. Och inget behöver längre handla om otillräcklighet. Inte heller om självtillräcklighet eller vad som kallas egoism, självcentrering, själviskhet osv.

Vad jag än är, så är det per definition och alldeles i sig själv tillräckligt för att uppleva allt som upplevs, och för att vara den enda verkligheten (det har ju faktiskt inte upplevts eller hittats fler än en verklighet). När jag ser detta och agerar utifrån det, verkar det hända att det kulturellt inlärda perspektivet sakta men säkert förlorar i betydelse, och tilliten till vad jag är lugnar ner hela min varelse. I vad jag är, får då förändring ske mer opåverkat av mina och andras perspektiv. Och då händer just den förändringen! Alldeles "av sig själv", i vad jag är.

## Alltings verklighet

Vad som existerar, existerar ur någonting – vilket är definitionen av existens. Detta någonting måste därför vara mer "verkligt", pålitligt och kontinuerligt än vad som existerar. Så alldeles oavsett om x, y, z existerar eller inte, kan det inte påverka detta någonting. Därför måste detta någonting vara alltings verklighet. Och eftersom vi är vad som upplever det som existerar, måste vi vara denna en och samma verklighet.

# Musik och kommunikation

Musiken är inte i datorn, på cd:n eller i mobilen.
Inte ens i ljudvågorna som når trumhinnan.
Det skenbart åtskilda och mekaniska är inte musik.
Musiken är en upplevelse i medvetande.
Medvetande genom kompositören är självklart
samma medvetande som jag är
när jag nu lyssnar på kompositörens musik.
Tid- och rumlöst.
I upplevelsen av musiken
faller konceptuell tid och rymd samman,
liksom varje skenbar åtskillnad.

På samma sätt är det med all kommunikation med innehåll, mening och avsikt,
uttryck ur medvetande genom våra personer.
Medvetande ger upphov till ord i psyket,
psyket bearbetar och påverkar,
påverkar hjärnan, som påverkar nerver och muskler,
munnen som formar ljudvågor,
som möter mina trumhinnor, nerver och psyke,
möter samma medvetande som jag är, och jag förstår,
att vi är ett i vad som uttrycks, kommuniceras och förstås.

Samma med kärleken. Eller snarare:
När vi upplever att vi är ett,
oavsett om det är i tal, musik eller relationer,
så är det, består det av kärlek, lycka och frid.

"Om jag talade både människors och änglars tungomål, men icke hade kärlek, så vore
jag allenast en ljudande malm eller en klingande cymbal."

**1 Korintierbrevet 13:1**

# Konceptlös verklighet

I alla aktiviteter som ser ut att ge mig en upplevelse av att vi är ett, är jag egentligen endast påmind om verkligheten – t.ex i musik, konst, naturen, sex mm, i perceptionens* värld, när jag verkar upplösas och förlora mig helt, min identitet, liksom tidens och rymdens koncept, och där tanken är sekundär eller helt avstannad.

Jag är inte i ett tillstånd, det är inte aktiviteten som producerar något. Jag påminns om att vi är ett, och att det aldrig funnits tid eller rum över huvud taget.

Endast när psyket skenbart glömmer detta och identifierar sig med min kropp, skapas tidens och rummets skenbara värld, endast genom och av min perception och tanke.

## Jobbigt…

Att saker inte är som jag vill
eller har föreställt mig
att de borde vara,
kan bli viktigare för mig
och upplevas jobbigare
än konsekvensen av
att de är som de är.
Det som är mest jobbigt
är motståndet mot vad som är.
Bjuder jag inte motstånd
mot vad som är,
avtar jobbigheten och bekymren
med vad som är.

## Tystnad

Tystnad är oupphörlig vältalighet.
Den är det bästa språket.

**Ramana Maharshi (1879-1950)**

## Motsats

Motsatsen till död är inte liv.
Det är födelse.

## Kunskap

Människans jagande efter kunskap, är egentligen ett jagande efter att veta vad vi är: Medvetande. Hen har bara glömt det. Medvetande är redan allt, men när människan glömmer det, blir det viktigt att känna till så mycket som möjligt om alla detaljer i världen.

## Rörelse

När jag upplever rörelse
då jag t.ex åker i en bil…
Jag kan inte uppleva rörelse
om jag inte är en referenspunkt
som är stilla.
Den referenspunkten är
vad jag egentligen är.
Vad jag egentligen är, är aldrig i rörelse!
Rörelse kan upplevas endast av
vad som är stilla.
Rörelse är skenbar i vad jag är –
stillheten själv.

## Karaktären i filmen

Vad det åtskilda jaget än är, så kan det liknas vid en karaktär i en film.

Vad Jag är,
är skärmen.

Men egentligen, brutalt ärligt,
finns bara skärm.

## Tankar

Vad jag tänker om någonting,
förändrar inte någonting,
utom vad jag tänker.

## Termostat

Lika lite som en termostat är medveten
och kan beskriva hur det är att vara ter-
mostat, är min kropp medveten. Kroppens
förnimmelser kan endast upplevas i med-
vetande, som allena kan uppleva hur det
är att vara en kropp – och hur det är att
vara medveten. Om sig själv.

## Möte

När vi möts
ser vi in i varandras ögon?
Nej, i varandras pupiller, ögonstenar.

Pupillen är ett hål,
så vad strömmar ur ett hål?
Vad tar jag emot från ett hål?
Vad utväxlas mellan två hål,
när vi möts?

Varken ljus eller materia.
Vi är samma tomhet,
fylld av allt.

## Psyket dör?

Psyke är något som medvetande manife-
sterar sig som. I psyke sker identifieringen
med kropp, händelser, etiketter av olika
slag, och så bildas ett illusoriskt ego.

När kroppen dör, dör inte psyke. Dock:
Det i psyket som identifierat sig med
kropp, händelser och etiketter – som aldrig
varit sanna – fortsätter att vara icke sant,
och icke existerande.

Psyket, fritt från den identifieringen, vand-
rar vidare.

Allt vi känner till, känns till genom Med-
vetande; därför är vår kunskap om någon-
ting bara så god som vår kunskap om
Medvetande.

Om vi tror att Medvetande är begränsat,
kommer upplevelsen att se ut i enlighet
med den tron, som en rad begränsade och
ändliga objekt och själv.

Om vi inser att Medvetande är evigt och
oändligt, kommer allt och alla att visa sig
som så.

**Rupert Spira (1960-)**

Vad vi längtar efter är Medvetandes
utrymme, i vilket all längtan händer.

Faktum är att det faktiskt är ännu
närmare. Vad vi längtar efter tar själv
formen som vår längtan.

**Rupert Spira (1960-)**

## Ego?

Egodöd är ingenting.

Det är när jag upplever
att jag är ett med allt jag upplever,
som jag inte hittar något ego.

"Att döda egot", är insikten om detta.
Och upplevelsen av det!

# Se mer?

Allt
är redan här.
Även min önskan
att det skulle vara annorlunda
är här.
Besvikelsen likaså.

Jag ser så lite
av allt som är här.
Kanske kan jag se mer
och önska mindre.
Antagligen, nej självklart
är det fullt tillräckligt.

# Andligt?

Om någonting är "andligt",
så måste det väl vara något som
tillåter mig att se vad jag är –
att jag är Evig Ande,
som genom "det andliga",
ser sig Själv vara mig.
Och allting.
Oberoende av "det andliga".

# Nå dig

Din längtan efter mig,
är mitt budskap till dig.

Alla dina försök att nå mig,
är egentligen mina försök att nå dig.

**Rumi (1207-1273)**

# Är

Det som är, upphör aldrig att vara.
Det som inte är, blir aldrig till.

**Bhagavad Gita**

# Avvikelse

Endast detta varande rent och totalt medvetande, är alltings slutliga väsen. Att gå på en väg för att nå det som inte kan nås genom att gå, innebär avvikelse. Att söka konceptuellt förstå det som inte kan vara ett objekt (i tanken) innebär hinder som försvårar förståelse. Att söka någonting och att sträva efter att erhålla det, utgör avvikelse.

**Namkhai Norbu (1938-2018)**

Din förvirring är inte patologi, den är väg. Den har ingenting att visa dig, som klarhet aldrig kan avslöja. Kaosets natur är visdom, men du måste erbjuda den ett hem för att ta emot dess mysterier.

Din känsla av åtskildhet är inte neurotisk, den är intelligent. Den har ingenting att visa dig, som enhet aldrig skulle kunna avslöja. Om du tillåter den att veckla ut sig och belysa – och inte frestas att förvandla den via en andlig process – kommer den att blotta en dörr du inte sett.

Din ensamhet, din skakighet och din fruktan är inte misstag. De är inte hinder på din väg. De **är** vägen. Friheten du längtar efter kommer aldrig att hittas i att radera det oönskade, utan endast i kärleken och informationen som den bär.

Det finns svallvågor av kroppslig aktivitet som innehåller mycket viktig information på din resa. Om du erbjuder fri passage för den okända livligheten, kommer du att möta ljusets budbärare. Ingenting saknas, ingenting är på fel plats och ingenting behöver skickas bort.

Ja, må du brinna tills du är genomskinlig, men det är genom detta brinnande som din helhet kommer att avslöjas.

**Matt Licata**

---

## Tillståndslöst

När jag går från drömlös djup sömn till drömmar, och kanske även från klardrömmar till vaket tillstånd, vad är det som "går" då? Vad är det som alltid är, och "går" genom alla kroppens och psykets tillstånd?

I vaket tillstånd är det inte kroppen som upplever, det är vad jag är som upplever kroppen, och att kroppen känner, förnimmer* saker.

Drömmar dröms av psyket, inte av vad jag är. Det är vad jag är, som upplever att de dröms, och sen kan berätta om dem.

## Kontakt

Den drömda karaktären – som framträder i drömmarens psyke – har kontakt med och består av drömmaren i klardrömmen.

På exakt samma sätt har vi människor – som framträder i medvetande – kontakt med och består av medvetande, samma medvetande, just nu.

21

## Redan

Vi vet det redan. Frågan är,
vad vill det säga?

När det så oändligt och vackert
bubblar, sjuder, vibrerar...
vill upp, ut, fram...
När kärlek i berusning,
väller upp, svämmar över,
och bara vill omfamna,
innesluta, radera gränser.
Läka allt, utan ärr,
bara bli och vara ett.
Som det redan är.
Där är jag.
Det är jag.
Jag är det.

Innan tanken är det.
Och innan allt.

Så fort jag talar eller gör någonting,
kommer det ut som något annat,
tolkas, misstolkas, kanske till och med sårar.
Det som är, kan uppfattas som fel,
när man endast hör mina stapplande ord.

Vi vet att det är.
Alla försök att nå det,
leder bara till lidande.
Det är. Vi är. Det. Redan.
Nu och alltid.
Hur kunde vi glömma?

Sommaren 2016. Vi gör fyra korta spelfilmer tillsammans, och försöker väva in våra nya upptäckter i dem.

I denna intensiva tid tillsammans, flödar kreativiteten och idéer som aldrig förr. Kanske uppstår även känslor av att "nu kan vi det här", parat med en del högmod. Kanske syns det i de texter som nu skrivs.

22

## Synas

För att något som syns ska kunna synas
måste det först finnas en "mottagare" som ser.
Formen som ses uppstår i mottagaren.
Den oändligt tunna "hinna" mellan vad som ses
och vad som upplevs i "mottagaren",
är vad vi kallar "världen".
Mottagaren är Medvetande, utan gräns,
och det som syns och upplevs i Medvetande
måste därför bestå av vad det uppstår i.

## Materia

Materia kan inte beskriva hur det är att vara materia.
Men vi kan definitivt och detaljerat beskriva hur det är att vara.
Därför kan det vi egentligen är inte vara eller bestå av materia.
Materia kan inte vara upphovet till vad som inte är materia.

## Lär känna

Innan vi säger något om
vad världen vi upplever är eller består av,
är det nog lämpligast att vi först grundligt lär känna
vad som upplever den.

Ingen information i världen vi upplever,
kan svara på vad det är som upplever den,
vad jag är.

Den enda som kan ta reda på det
och veta det, är jag.

## Tid och rum

Tid är hur medvetande ser ut, ur tankens perspektiv.
Rymd är hur medvetande ser ut, ur perceptionens perspektiv.

Vi upplever inte objekt med vårt medvetande.
Objekt händer, de är händelser som fälls ut i psykets perception.

Objektens essens, verklighet, natur – är medvetande.

## Avskalat

Jag kan inte vara
något jag är medveten om.

Jag är vad som är medvetet.

Om jag skalar av från "mig",
allt det som inte är jag;
vad blir det kvar?

Jag är vad som är medvetet –
Medvetande själv!

## Vågor

Vågens enda destination
är att dö,
att återupptäcka
att den är hav.

Vågor som föds och dör,
är fortfarande och alltid hav.

## Se mig själv

Lika lite som ögat kan se sig själv,
kan tankar, känslor, förnimmelser
och perceptioner se sig själva.

Det som ser dem, är vad jag är.
Medvetande.

## Blomma

Trädgården fick
i all sin ostördhet och harmoni
en blomma.

På samma sätt fick jag
en kropp.

## Jag upplever

I varje situation kan jag fråga mig:
"Vad upplever jag nu?"

Har jag en tanke på något
som jag påstår ger mig eller
skapar en känsla av ensamhet,
ilska, övergivenhet,
så frågar jag mig
"vad upplever jag nu?"

Vad det än är, så kan jag svara
att jag upplever sorg, ensamhet,
händelser mm.

Men egentligen, vad upplever jag?
Ljud, andra förnimmelser i sinnena,
perceptioner, tankar och känslor.

De kan ju inte vara jag, eftersom jag,
vad jag är, upplever dem.

Vad jag är, skyddar mig inte
från att uppleva.

Men friheten i att vara
vad allt framträder i, upplevs i,
innebär att jag inte skadas.

## Egodöd

Det går inte att leva i nuet med mindre än
att egot "dör".

Egot befinner sig aldrig i nuet, utan endast
i det skenbara förflutna eller framtiden.

# Simulering

Eftersom det absolut inte finns någon garanti att mina kroppsliga sinnen*, tankar, perceptioner och känslor korrekt representerar verkligheten (det är snarare garanterat att de **inte** gör det) men jag uppenbarligen **är** verklig, så måste vad jag är vara mer än, och inneslutande vad än mina kroppsliga sinnen, tankar, perceptioner och känslor "gör" eller säger mig.

Vad som än är och alltid varit **samma** som vad jag är, måste vara jag. Inte mycket, säkert, men det är vad alla håller med om helt: **Jag är**. Och "mitt" **Jag är**, är självklart samma som "ditt" och "alla andras" **Jag är**, eftersom alla skillnader som går att tänka sig, **inte** varit eller någonsin är likadana, och faktiskt endast finns i tanken, perceptionen och känslan – som jag redan vet **inte** är jag.

Vad mina kroppsliga sinnen, tankar, perceptioner och känslor "gör" och säger mig, är därför mest likt en simulering, en slags "virtuell verklighet".

# Drömmar

Drömmar är och fungerar som de gör, eftersom de – liksom allt naturligt – är en "reflektion" av och analoga med vad som är sant. Den drömda karaktären som inte vet att den är och består av drömmarens psyke, är analog med den illusoriskt åtskilda personen i dess vakna tillstånd, där "personen" inte vet att den är och består av Medvetande.

Liksom drömkaraktären består av drömmarens psyke som drömmer den, består våra vakna karaktärer av Medvetande som "drömmer" dem.

Liksom drömkaraktären återgår till och upplöses i drömmaren som vaknar, återgår våra vakna karaktärer till och upplöses i Medvetande.

# Samma

De där förhållandena man haft, den där kärleken man ville åt, så samma den alltid är, så samma jag är. Och du.

# Nu är

Jag kan inte ändra på nu.
Inte rymma från nu, inte lämna det.
Det som är, bara är.
Även att jag tvivlar på vad jag är,
vill ändra på nu, rymma från nu,
är vad som är.

Allt händer i mig,
och består av mig.
Helt utan förpliktelse*
eller orsak och verkan.

## Vi ser samma

Att vi ser samma saker i världen,
säger inget om sakernas eller världens existens eller pålitlighet,
det säger att vi är samma, som upplever samma former
i det samma Medvetande vi är.

## Spegelbild

Jag råkar se mitt ansiktes spegelbild i datorns skärm när jag lyssnar på något och är helt sammansmält med vad jag lyssnar på.

I sammansmältningen finns inte subjekt eller objekt, utan jag är endast upplevelsen av förståelse.

Att se spegelbilden av mitt ansikte är så komiskt att jag börjar storskratta.

Jag upplever hur medvetande kan begränsa sig och anta en begränsad form, och att det kan ske en identifiering med formen.

"Det där är jag", skulle vara helt korrekt att säga, eftersom formen består av endast medvetande.

Men att säga att jag är ett avgränsat objekt, en kropp som är substansen i och producerar min upplevelse, vore både naivt och arrogant – naivt eftersom den direkta upplevelsen är tvärtom, att medvetande framträder som en form, och arrogant eftersom det vore så absurt att en kropp med hjärna skulle kunna ge upphov till upplevelsen av en sammansmältning i medvetande, en sammansmältning som påvisar min tid- och rumlösa existens, alldeles oberoende av form!

# Mer storskratt

Jag brister ut i storskratt igen.

När min tanke inte längre uppehåller sig i det förflutna eller i framtiden, så tänker jag bara på vad som är just nu. Och när uppfattningarna om vad jag ser inte längre står mellan mig och vad jag ser, så upplever jag ingen gräns däremellan. Händelser bara händer. Saker och ting bara framträder.

När jag på detta sätt upplever att jag är ett med tillvaron, kan jag säkert uppfatta det på många olika sätt. Men just nu uppfattar jag det som att allt bara är skrattretande, fritt och välkommet, precis som det är.

Tänk att jag får uppleva allt det här! Tacksamt och otroligt komiskt, om jag ser det så.

## Hur det känns

Som att man är på äventyr med en kompis, och vi gör något som är farligt och svårt, går på smala balkar högt upp på skyskrapor, hundratals meter över marken. Jag spänner mig, och det går dåligt när jag är rädd.

Men kompisen visar mig senare att det bara är på låtsas, det är en synvilla att det är så högt, det är bara en film under golvet!

Jag skrattar och slappnar av, och allt går mycket bättre och lättare.

Sådan är insikten om vad verkligheten är.

## Vi är nu

Vad vi är, är nu.
Alla känner vi till – även intellektuellt – att "nu" är,
men intellektet kan inte vara i det,
Vi vet att intellektet, tanken,
endast uppehåller sig i det förflutna eller framtiden.
Så vadhelst "nu" är, så är det där, och endast där vi är.
Och att vi därför inte är våra intellekt.

## Så nära

Vad du söker är så nära dig, att det inte finns plats för någon väg dit.

**Nisargadatta Maharaj (1897-1981)**

# Vi är Jag

Så du vill utforska det allra minsta
för att kanske hitta en struktur,
en frekvens, en princip,
som är upphovet till allt?
Du letar efter en sanningssång däri?
Jag är sången. Lyssna!

Så du vill fara ut i det allra största
för att kanske hitta en begynnelse,
en intelligens, eller kanske liv,
som är alltings sanna ursprung?
Du letar efter en skapare där?
Jag är skaparen. Se!

I ett universum som du säger
börjar med och består av endast materia,
letar du i alla riktningar efter
begynnelse, mening och intelligens.
Jag är! **Det**.

Känn noga efter vad som letar.
I ett universum som du är
oskiljaktig från,
som är du.
Jag är du.
Vi är Jag.

# Förhållning

Världen förhåller sig
exakt till hur jag ser den.
Inte tvärtom.

# När jag ser objekt

Jag identifierar mig med kroppen
eftersom "det är jag som ser objekt".

Jag identifierar mig inte med objekten,
de är "något annat än jag".
Men egentligen…
Jag är både och.

För om inget fanns att se,
skulle jag inte kunna vara vad som ser
eller upplever seende.

Annat exempel:
En cirkel kan inte vara en cirkel om det
inte finns både ut- och insida på den.

På samma sätt hänger allt ihop och är
egentligen något som medvetande
upplever.

Och faktiskt är allt i medvetande,
inte tvärtom.

# Motstånd

När en vilja eller önskan händer,
att ändra på innehållet i upplevelsen,
har identifiering skett,
och i den finns idén eller tron
på saknad och motstånd mot vad som är.

# Formlösheten

Det är formlösheten som är, alltid.
Den upplevs i djup sömn när psyket stannat, tystnat.
Det är formlösheten man vill åt.
Man känner en stark längtan efter djupa sömnen,
men ingen längtan att få lämna den,
eftersom man vaknar "av sig själv",
eller av i förväg ställda väckarklockor.

Det är i formlösheten man antar vilken form som helst.
Man svävar genom dimensionslösheten,
och går in i och upplever vilken dimension som helst i drömmen.
Men det är dimensionslösheten jag är.

Det är inte som vi trott,
att man från ett mest medvetet vaket tillstånd
går "ner" och begränsas i drömmen,
och sen längre "ner" i icke-medvetande i djup sömn.

Nej, vårt naturliga läge är inte vaket tillstånd. Tvärtom.
När vi lämnar vårt naturliga tillstånd i djup sömn,
och dyker in i drömmen, begränsas vi i tiden.
När vi dyker in i vaket tillstånd sker ännu mer begränsning,
till de tre dimensionerna i vaket tillstånd,
till en kropp som kanske även är svag eller sjuk.
Där kan man börja tro att livet är så litet och begränsat.
Men icke! Tvärtom!

# Skiner

Jag vet att Jag på inget sätt är beroende av den upplevda euforin.
Jag vet att den sker i mitt kropps-psyke
när ihågkommelsen av min sanna natur är stark.
Lika fullt vet Jag, varje gång, ifall euforin skulle upphöra,
att Jag inte upphör –
Jag skiner med samma ljus,
i, som och genom varje upplevelse.

## Sig själv

Det är lätt att inse att musiken man blir ett
med, inte är eller består av tryckvågor,
utan inget annat än Medvetande.

Det är lite svårare att inse att det är
Medvetande som älskar sig själv då.

Det är svårast att inse att även hela upple-
velsen av att vara en skenbart åtskild per-
son, inklusive lyssnandet på musik,
alla känslor och tankar, och att denna text
läses nu, är och består av samma
Medvetande. Som älskar sig själv.

Det är vad vi är – Kärlek.

## Varför inte nu?

En uppfattning, känd eller okänd,
som genomsyrar vår kultur är:

Du kan bli…
eller kommer att bli…
lycklig…
sen.

Jag undrar:
Varför inte Nu?

## Tiga är guld?

I tystnad
är vi alla jämlika.

Samma.

Det förändras inte
när vi talar.

## Verkar som…

Det kan verka som att jag kan tänka mig
ur den direkta upplevelsen, att jag på så
sätt "lämnar nuet".

Omvänt kan jag tro att det är nödvändigt
att sluta tänka, för att kunna gå in i den
direkta upplevelsen, och vara närvarande i
nuet.

Men inget av detta stämmer, båda är en-
dast perceptioner och tankar.

Direkt upplevelse och närvaro i nuet är
alltid.

Och ofta händer skenbar glömska av detta
faktum. Liksom direkt upplevelse av tan-
kar. Och upphörande av tankar.

## Kommunikation

Aldrig någonsin
har någon kommunicerat
en upplevelse
av någonting,
till någon alls.

Dock är allt vi vet
och allt vi är,
endast upplevelse.
Därför gör kommunikation
inget alls för eller med vad vi är.

Delad upplevelse,
som det ser ut att vara,
är det enda som finns,
och det enda vi kan vara –
som vi alltid är.

# Pratar med mig själv

Jag kan se det för vad det är,
allt detta.
Men Jag kan också gå in i det.
Och det verkar då så verkligt.
Men när Jag ser det för vad det är,
ser Jag endast mig Själv,
som detta,
utan gräns,
utan åtskillnad,
utan identifiering,
bara en mängd färger och ljud,
i Mig.

Det är så intimt
och nära Mig,
att Jag kan inte säga annat än
att det är Mig.
Detta är Mig, allt.
Det är helt överväldigande för psyket,
så Jag bara låter det vara så.
Det definierar Mig definitivt inte,
och varje natt upphör aktiviteterna,
i psykets djupa sömn.
Så Jag bara ger efter
för seendet att detta är Mig Själv,
som manifesteras som detta.

Med mer erfarenhet
verkar det bli svårare och svårare
att gå tillbaka in i det.
Men Jag kan göra det.
När Jag är i det,
och ser det ur ”mitt” perspektiv,
verkar det vara så litet
och nästan långtråkigt.

Att se det för vad det är
tar udden av det,
den där personliga udden,
och allt är så
sömlöst och njutbart,
och helt utan bedömande.

Jag kan verkligen säga
att där finns som en pjäs som pågår.
Och om Jag går in i pjäsen
och blir den mycket bekanta rollen –
även om jag överallt ser Mig Själv –
så är Jag ändå skådespelaren
som gör rollen.

Tillbaka i rollen,
kan Jag säga många saker,
inga av dem Sanna, därför att
där ses inte saker för vad de är,
där ses saker för vad de verkar vara.
Jag kan vara den där karaktären
i pjäsen, eller inte. Eller både och.
Dock, överallt ser jag endast
Mig Själv.

# Ensam?

Jag är alltid ensam
men känner aldrig ensamhet.

# Gränslös skönhet

Uppskattningen av att t.ex läsa en dikt
är en bekräftelse av
att jag redan upplevt –
och genom dikten blivit påmind om –
den gränslösa skönheten.

# Kärleken får all ära

Något händer, och euforin avtar?
Så småningom skyller jag på
vad som hänt
att euforin avtagit.
–"Om bara inte det och det
hade varit eller hänt,
så hade Kärleken…"

Men jag kastas tillbaka i minnet
av euforin att vara Kärleken själv,
och hur den är helt förutsättningslös.
Och inser att mina tankar –
hur väl de än stämmer överens
med vad som hänt –
endast är tankar
som inte är euforin,
än mindre Kärleken.

Så Kärleken som "uthärdar allting"
störs inte av tankarna alls.
Det spelar ingen roll,
vad tankarna är –
de är rollen.
Det är Kärleken
som spelar den rollen.
Och Kärleken
får äran, inte rollen.

# Intellektet upplevs

Jag vet att jag är. Här. Nu.
Intellektet som upplevs
kan inte förstå detta,
eftersom vad som är här
upplever ett intellekt.

Vad som är här
gör intellektet möjligt.
Så intellektet kan inte förstå
vad det är gjort av.
Intellektet är gjort av mig Själv
som upplever det.

På så sätt
är Jag inte mitt intellekt,
Jag upplever det.

# Jag som ser

Jag är vad som ser.
Inte vad som ses.
Vadhelst som ses,
är inte vad Jag är.

Alldeles oavsett vad
eller hur Jag ser,
eller inte ser,
är Jag alltid detsamma.

Vad Jag ser
är begränsat av psyket.
Så oavsett vad Jag ser,
är det i verkligheten gjort av psyke.

Vad Jag ser förändras ständigt i psyket,
men eftersom Jag är
vad som ser förändringarna,
är Jag som ser… oföränderlig.

## Vara allt

Att vara alla saker som upplevs,
känns som så otroligt mycket mer,
så spännande, gripande, intimt
och djupt tillfredsställande,
än att bara tänka på och prata om dem,
som om de vore åtskilda.

Så känns det för det åtskilda psyket,
eftersom vad som upplever
och vad som upplevs
redan och alltid är och består av
samma Medvetande.
Som vi består av.

När jag vet hur och vad det är
att vara alla saker som upplevs,
vet jag också att jag kan
glömma detta faktum och börja
tänka på och prata om dem istället –
vilket dock inte förändrar faktum.

## Att vara musik

Lyssna på en musiker,
känn hur uppenbart det är…

Att se hur musikern är alla sina toner,
inte bara de som hörs just nu,
utan alla toner,
som har spelats, spelas nu
och kommer att spelas sen.

På ett sätt kan man se det så.
På samma sätt kan man se det som
att när jag nu hör tonerna,
är jag musikern,
som är alla tonerna.

Det kan tillskrivas musikerns
skenbart åtskilda kropps-psyke,
att det förmedlas toner
till mitt skenbart åtskilda kropps-psyke
som hör.

Men i upplevelsen
av både spelandet och lyssnandet,
finns den uppdelningen inte,
utan de är i verkligheten samma.
Som vi är.

## En-sam

Det är inte toner jag hör –
det är musik.
Det är inte pixlar på en skärm jag ser –
det är filmen.
Det är inte objekt jag uppfattar –
det är upplevelse.

Upplevelsen är jag medveten om,
och även att jag är medveten om den
är jag medveten om,
så jag måste därför vara Medvetande
som är medvetet om sig Själv.

Musiken, filmen och objekten
och allt jag kan uppleva,
är därför jag Själv
som upplever mig Själv.
En-sam.

## Mirakel

Jag tror inte på mirakel utanför mig.

Jag ser att allt är mirakel i mig.

## Varför?

Jag kan föreställa mig alla möjligheter
till varför och hur jag sitter just här,
alla tänkbara möjligheter till att…
allt det underbara och allt det eländiga,
det visaste till det mest idiotiska,
det barmhärtigaste till det grymmaste,
…skulle gjort att jag sitter här.

Men, oj, så överraskande!
Jag ser och känner att
detta att föreställa mig alla möjligheter,
och varje enskild möjlighet,
och alla dess kvalitéer,
händer i detta seende
som jag talar från nu.

Frågan "varför" och "hur"
äger därför inget berättigande,
den har raderat sig själv.
Endast jag finns kvar,
som sitter här.

## Otålighet

Min otålighet
säger mig att
jag redan är
friden jag känner
när jag får
vad jag vill ha,
oavsett om jag får
vad jag vill ha
eller inte.

## Talesätt

"Jag är inte vad du tycker att jag är.
Du är vad du tycker att jag är."

Detta är översatt från ett engelskt talesätt.
Jag känner inte till källan. Det verkar finnas även i svenskan.

"Den som sa det, hen var det."

Ett gammalt svenskt talesätt som faktiskt uttrycker samma sak.

Visst är det Sant!

## Fråga?

I samma ögonblick som en fråga framträder, finns möjligheten att se den – och allt annat som ses – som del av filmen som sker på skärmen som jag är.

## Ovärderlig

Vad jag Är
går inte att värdera.
Vad jag Är,
upplever all värdering,
men är i mig Själv
ovärderlig.

## Vad som Är

Vad jag ser är inte **vad som Är**.
Det är endast hur **vad som Är** ser ut.
Men det är inget annat än hur **vad som Är** ser ut.

Och hur **vad som Är** ser ut
spelar ingen roll.
**Vad som Är** spelar roll.

**Vad som Är**,
är vad som ser,
och inte vad som ses.

# Min felbara nästa

Det är så lätt att känna och reagera på,
när någon ilsket berättar för mig
att det är något fel på mig eller mitt beteende,
att jag vill säga:
–"Jaha, men du är väl inte felfri,
så med vilken rätt säger du så?"

Detta kan jag mycket väl använda åt andra hållet.

Innan jag ilsket berättar för någon
att det är något fel på hen eller hens beteende,
så kan jag fråga mig själv:
–"Vänta nu! Jag vill att den som är arg på mig
ska inse att hen inte är felfri,
och därför inte behöver skälla på mig –
så varför skulle jag skälla på hen då?"

I detta finns någon slags
tillåtelse att vara felbar,
som jag gärna vill åtnjuta själv,
men vill jag tillåta andra att vara felbara också?
Självklart!
Och så älska min nästa som mig själv.

# Kraft?

Att tillskriva en händelse någon inneboende kraft
som gör mig t.ex lycklig eller fridfull,
är samma sak som att tillskriva ett objekt eller person sådan kraft.

Händelser, objekt och personer kommer och går,
och de upplevs i och av vad som inte påverkas
av varken händelser, objekt eller personer.

# Bortstötning?

Om jag stöter bort någon
på grund av att jag inte tolererar vad denne gjort,
stöter jag bort något som jag inte tolererar i mig själv,
och är då inte mottaglig för att acceptera det i mig själv,
och intoleransen mot andra fortsätter.

Om jag accepterar någon oavsett vad denne gjort,
har jag accepterat och förstått
vad jag inte tolererat i mig själv,
och i acceptansen upphör intoleransen.

Om det var min allra bästa vän som gjort samma sak,
skulle jag stöta bort vännen då?
Om inte, varför skulle jag stöta bort den andra?
Om det var jag som gjort samma sak,
skulle jag stöta bort mig själv då?
Om inte, varför skulle jag stöta bort den andra?

Exempel:
Hen tar för mycket plats när hen inte känner sig sedd,
men jag känner till att det inte kan kompenseras med att
ta för mycket plats.
Känner jag inte mig sedd?
Man kan förstå att det känns outhärdligt.
Om jag istället ser och upplever att jag är vad som ser,
och jag förstår identifieringen med "den osedda",
behövs varken identifieringen
eller att försöka bli sedd längre.
Och ogillandet har upphört.

Hen tar inte hänsyn till andra i det praktiska,
i den självuppfyllande profetia som pågår,
om att känna sig värdelös.
Känner jag mig värdelös?
Man kan förstå att det känns outhärdligt.
Om jag ser och upplever att jag är
vad som i sig är allt och ovärderlig,
och vad som upplever all värdering,
och jag förstår identifieringen med "den värdelösa",
behövs varken identifieringen
eller den självuppfyllande profetian längre.
Och ogillandet har upphört.

---

Hösten 2019 bor en vän hos mig tillfälligt ett par månader.

I vardagslivet tillsammans uppstår friktion, och i mig uppstår på gränsen till ett ogillande och bortstötande.

Vad känner jag hitom de praktiska detaljerna, vad är det i mitt psyke som triggar dessa reaktioner?

När jag sitter med detta för mig själv några dagar, utkristalliseras inlärda mönster som inte är informerade av vad jag vet är Sant, och som endast försvårar en samvaro i frid.

Kontentan blir att vi fortsätter umgås.

# Ogillande?

Mitt ogillande av någons beteende säger ingenting om den personen, och faktiskt inget om beteendet i sig heller.

Mitt ogillande är av någonting i mig. Vad jag ogillar är vad som väcks i mig när jag observerar beteendet. Ett obehag, ett ogillande väcks av någonting som i sig endast är ett möjligt sätt att bete sig.

Det möjliga sättet att bete sig förändrar inte vad jag är, det varken förminskar eller förstorar vad jag är, och behöver därför varken mitt gillande eller ogillande.

När jag inser detta, väcks inte längre något obehag eller ogillande i mig när jag observerar beteendet. Man skulle kunna säga att jag då har accepterat beteendet, men det är ännu närmare än så – jag accepterar mig själv, liksom även möjligheten till ett sånt beteende, utan att det för den skull väcks något gillande eller ogillande i mig.

## Inte av denna värld

När jag inser och känner att allt jag är, och allt min värld är,
är Medvetande som uttrycker och upplever sig Själv som Detta,
bekräftar jag, djupt och ödmjukt med hela min varelse,
även att allt som kan observeras och upplevas,
varje form av Medvetande som uttrycker och upplever sig Själv,
inte bara är exakt vad jag och min värld är gjorda av –
nämligen Medvetande som som uttrycker och upplever sig Själv –
utan även ett och detsamma med, oskiljaktigt från
allt som kan observeras och upplevas.

Å ena sidan…
Denna insikt och bekräftelse kan informera vad som ser ut att vara mitt agerande,
och på så sätt blir mitt skenbara agerande mer i linje med
Medvetande om allt jag är, helt naturligt och automatiskt.
Inte på grund av att agerandet är överlagt eller ansträngt,
utan för att agerandet händer naturligt och automatiskt,
och därför utan att lämna någon handling
till varken slumpen eller förutbestämdhet,
varken stolthet eller skam, varken bra eller dålig disciplin.
Informerat agerande är det Medvetande som jag är.

Å andra sidan…
Denna insikt och bekräftelse kan informera vad som ser ut att vara mina val,
och på så sätt blir mina skenbara val mer i linje med
det Accepterande av den värld som jag är,
alltid tillgänglig, och helt passande.
Inte på grund av att valen är gjorda medvetet eller noggrant,
utan för att de val som händer
är de som alltid är tillgängliga och helt passande,
och därför utan att lämna något val
till varken uppfinningsrikedom eller dumhet,
till varken att behaga eller luras, varken bra eller dåligt uppsåt.
Informerade val är den Acceptans som jag är.

Slutligen…
Denna insikt och bekräftelse är inte av denna värld,
men händer i den, dock utan att förhäva sig,
utan att dra uppmärksamhet* till sig,
utan vinst eller förlust för någon,
då den endast och alltid pekar på Sanning;
att vad jag och denna värld än må vara,
så är den Medvetande som uttrycker och upplever sig Själv som Den.

# Integritet

–"Ni som inte kan visa respekt för min integritet
på ett sätt som jag är van vid eller begär, till er kan jag säga:
När ni slynglar växte upp, lärde ni er kanske
att visa respekt för integritet med en brakfis,
något man gapskrattar åt på något party."
Håll den tanken…

Observera nu detta:
Det är inte hur jag blir behandlad av dem det handlar om –
utan om bibehållandet av integritet.
Det är genom att säga som jag gjorde till slynglarna om brakfisen,
som jag pekar på något sant, nämligen integritet, det odelbara.
Men hur kan jag tro att det går att förlora, dela på, skada
vad som är odelbart?
Integritet säger mer om vad jag är, än vad jag har eller kan förlora.

# Smärtor

Det finns många olika smärtor utöver den som handlar om att
min kropp utsätts för något som gör ont.

Under en smärta hittar jag att *"jag tyckte att jag var värd bättre"*.
Under en annan smärta hittar jag även att *"jag har inte gjort upp med min egen smärta"*,
kanske för att jag fortfarande tycker att jag är värd bättre,
i sin tur kanske för att jag tror att det skulle smärta mer
att ge upp bilden av mig själv som den som är värd bättre.
Under en smärta hittar jag även insikten om världens eländiga tillstånd,
och att det ser ut att inte finnas något slut på allt lidande.
Eller att vad eller hur jag än gör, ser det inte ut att bli bättre.

Men ingen smärta är permanent, alla smärtor upphör, förr eller senare.
All smärta framträder i och upplevs av vad som är permanent,
som själv inte kan definieras av varken smärta eller njutning.
Vad som inrymmer, från tid till annan, både smärta och njutning,
lidande och välmående.

Kan jag se närmast mig, längst in, hitom all smärta och allt lidande,
hitom både njutning och välmående, och här hitta mig själv,
vad jag bevisligen, verkligen och alltid är och alltid varit?
Att lika lite som jag är vad jag ser, hör eller vidrör,
lika lite är jag vad jag upplever, lika lite vad jag känner.
Och kanske kan jag även upptäcka
att allt jag upplever är så intimt och nära vad jag är,
att det däremellan inte finns någon gräns eller åtskillnad?

När jag vaknar en vanlig morgon, har jag ett minne av att jag under sömnen upplevt en period av djup sömn, att jag har varit medveten om "ingenting", eller snarare avsaknaden av ting (dvs. avsaknad av tankar och drömmar). Dock är det en upplevelse jag definitivt minns.

Efter den nya typen av narkos, däremot, har jag inget minne av någonting alls från narkosperioden. Innan narkosmedlet (propofol) gör verkan finns en "filmruta" med röster och takbelysningen, och på nästa "filmruta" sker uppvaknandet med narkosläkarens ansikte och röst som säger "dags att vakna" – och emellan de två filmrutorna: Absolut ingenting! Upplevelse ett: Insomning. Upplevelse två: Uppvaknande. Det vill säga: Ingen upplevelse över huvud taget under narkosen, inte ens upplevelsen av "ingenting", som vid djup sömn.

Från det att kroppen i vaket eller drömmande tillstånd går till djup sömn, skalas saker bort från medvetande och upplevs inte: Kroppen, sängen, rummet, föränderligheten – men i narkosen upplevs inte ens "ingenting". Det enda jag kan rapportera är: Ingen upplevelse.

Medlet i blodomloppet och hjärnan är det enda som har hänt med kroppen när operationen påbörjas. Saker skalas även då bort från upplevelsen, precis som när jag går till djup sömn, men nu skalas även själva upplevandet bort!

Frågor jag fick: Förutsätter upplevandet ett kropps-psyke? Men kropps-psyket fanns ju på operationsbordet… Och ändå ingen upplevelse… Hur hänger det ihop? Vad är det som narkosmedlet gör, när det verkar som att både psyket och själva upplevandet "avbryts"? Det jag nu efteråt kallar för "inte ens ingenting, ingen upplevelse", är det vad rent och skärt medvetande är – och därför vad mitt verkliga Jag egentligen är och består av? (Jag medger att frågan ställs i och ur mitt begränsade och skenbart åtskilda psykes perspektiv, och att varken frågan eller eventuella svar är tillfredsställande för psyket.) En följdfråga kan bli: Liknar narkosen vad som händer vid kroppsdöden?

Jag hamnar på operationsbordet för att åtgärda en kroppslig åkomma. Jag ber narkosläkaren att tala om för mig exakt när narkosmedlet sprutas in i mitt blodomlopp, och att tala om mig exakt när det är dags att "vakna". Han tycker att det är intressant med detta "experiment" och gör så. Vad jag upplever är förbryllande ett bra tag. Ett par dagar senare kunde jag formulera det så här:

Nu kommer jag på att jag krånglade till det.

Jag "förlorade inte medvetande" i narkosen.
Medvetande förlorade mig. Och psyket, kroppen, tiden och rummet...
Det som förlorades var vad som äger rum i psyket och tanken,
och för att uppleva ett psyke och en tanke,
måste först finnas medvetande som upplever psyke och tanke,
men medvetande behöver varken psyke eller tanke för att vara.
Och självklart försvann inte medvetande, eftersom det var – och är –
förutsättningen och primärt för att mitt psyke skulle kunna "vakna",
både efter narkos och djup sömn.
Psyket kan vara i många olika tillstånd;
vaket, drömmande, djup sömn, narkos mm,
olika tillstånd där ting och hela världen ter sig annorlunda
eller inte "registreras" eller förnims alls.
Men medvetande har inga tillstånd – alla tillstånd upplevs i det.

Två frågor jag varken har svar på eller ens önskar att få svar på, egentligen, men som
ändå är intressanta:

Hur kan ett medel i blodomloppet och hjärnan göra så att medvetande inte längre är
medvetet om mitt kropps-psyke? Och hur kommer det sig att kroppen inte dog då?

# Psyket befriat

Det vi tycker oss ha upplevt hittills, är nästan uteslutande att vårt psyke varit och är
"fängslat", bundet till en kropp som vi kallar "vår kropp".

I våra ögon ser det ut som att vad som upplever ett kropps-psyke är oändligt, eftersom
om Medvetande skulle ha ögon, skulle de ögonen se så mycket mer än – ja, allt som kan
ses – de ögon som mitt psyke ser genom. Medvetandes fulla seende är därför inte filtre-
rat genom det lokaliserade psykets betingning och begränsningar. Dock är den upplevel-
se som Medvetande har när Mischa äter ett äpple så "verklig" att man kan tro att det är
verkligheten, "hans" verklighet. För att uppleva ätandet av ett äpple måste päron, apelsi-
ner, bananer och allt annat som inte är ett äpple exkluderas. Den uppdelningen är en
illusion, vars verklighet består av Medvetande som upplever det – **och** allt annat som
upplevs just nu som alla varelser.

Psykets befrielse från kroppen kan därför inte innebära något annat än att det då finns
rum för vad som är större, öppnare och friare än då psyket var bundet till en kropp.

# Jagande

Själva jagandet efter att bli en bättre människa
säger i sig att jag anser mig inte vara
vad jag skulle vilja vara,
vad jag tycker att jag borde vara
eller vad jag skulle vilja uppfattas vara.
Tror jag att jag skulle kunna vara
något annat än vad jag är?
Eller vara någon annanstans än där jag är?
Självklart är jag redan exakt vad jag behöver vara,
och exakt var jag behöver vara,
eftersom jag inte kan vara något annat,
eller någon annanstans.
Det vore lönlöst att ens försöka vara det.
Så frågan om vad och var jag behöver vara,
eller borde vara, faller på sin egen orimlighet.
Liksom jagandet.

# Inte sant?

Att vi uppfattar och uttrycker något
som inte är sant, gör vi säkert varje dag,
t.ex när vi säger "nu blev det mörkt".
Men mörker är ingenting som kan upplevas,
vad som upplevs är avsaknad av ljus.
"Mörker" är ingenting i sig själv,
det "faller" inte, "sänker sig" inte,
det är ljuset som inte längre upplevs.
Ljuset i sig kan inte ändras,
det kan endast ses eller inte.
Att inte uppfatta ljus är ingenting i sig,
men ljus är alltid detsamma
och förändras inte av att inte ses.

# Förändra?

Jag gav självupptagenhet
och fick tillbaka detsamma,
då jag glömt att allt och alla består av samma Själv,
som allting utgår från.

Jag hade en önskan att förändra
och märkte att ingen kan förändra,
och att jag glömt att jag består av oföränderlighet,
och att allt jag någonsin ser är förändring.

Jag trodde att jag var något
och märkte att det var omöjligt,
eftersom jag är vad allt framträder i,
och är i mig själv ingenting.

Och även just denna insikt
vill jag använda för att förändra?
För att försöka komma till
vad jag redan är? Ha!

## Upphört

När jag sökt både högt och lågt
och i världens alla skrymslen,
fanns ingen att hitta,
och ingen som sökte,
utan endast sökandet.
Då upphörde det.

När jag vänt ut och in på mig själv,
så många gånger och på så många olika sätt,
för att hitta mig själv eller något högre,
fann jag varken mig själv eller något högre,
utan endast ut-och-in-vändandet.
I tidlös stillhet såg jag det upphöra.

# Vad jag är

Vad som ses förändrar inte vad som ser.
Jag är inte vad som ses, inte heller någon som ser.
Jag är seende, och allt jag ser, är detta seende.

Vad som hörs förändrar inte vad som hör.
Jag är inte vad som hörs, inte heller någon som hör.
Jag är hörande, och allt jag hör, är detta hörande.

Vad som sägs förändrar inte vad som talar.
Jag är inte vad som sägs, inte heller någon som talar.
Jag är talande, och allt jag säger, är detta talande.

Vad som känns förändrar inte vad som känner.
Jag är inte vad som känns, inte heller någon som känner.
Jag är kännande, och allt jag känner, är detta kännande.

Vad som upplevs förändrar inte vad som upplever.
Jag är inte vad som upplevs, inte heller någon som upplever.
Jag är upplevandet, och allt jag upplever, är detta upplevande.

## Berättelsen?

När jag får frågan vem jag är, kan mitt sinne börja tänka och göra en berättelse om vem jag är, men det skulle endast vara en berättelse om vem jag är, inte vem jag är.

Den enda sanna berättelsen om vem jag är, är Detta, just nu. Det är den sanna berättelsen om vem jag är. Men det sägs bättre "Detta är vem jag är". Ingen berättelse är Detta. Vem jag är, är Detta.

Att komma underfund med att jag är Detta, frigör mig från alla berättelser, berättelser om skuld, bra eller dåligt självförtroende, storslagenhet, stolthet, berättelser för att försvara mitt rykte, och alla liknande.

Vem jag är, och Vad jag är, är Vem och Vad jag alltid är, i detta rumlösa och tidlösa Nu, fri från alla berättelser.

# KAPITEL 3

# Utåtriktat?

I detta kapitel hamnar texter som har sin upprinnelse i att det spontant uppstår en liten grupp där vi tillsammans älskar att utforska varandet, en grupp som ofta samlas där jag bor. Sammankomsterna kallar vi i filosofisk tradition för *Satsang*, ett ord från Sanskrit där *Sat* betyder sanning och *Sanga* betyder sammankomst. I vår iver och upptäckarglädje skriver, sjunger och dansar vi, gör webbplats och inbjuder till våra "möten", vi gör manus till pjäser, kortfilmer och annat – allt med avsikten att sprida glädjen över vad vi upptäckt. Och följande texter och andra skrivs. Omvärlden ser detta ibland med inte så blida ögon i det lilla samhället. Komiskt nog går det till och med rykten att det bildats en ny sekt i byn…

# Beviset för att "du" inte finns

Du kan inte bestämma dig för vad du ska göra. Om jag gör något helt oväntat och konstigt, t.ex lägger mig ner och börja gnida din fot, så händer tankar i dig, tankar som du inte kan styra. Och även om jag och andra talar om för dig att jag inte är farlig eller galen och inte kommer att skada dig, så kan du inte styra dina tankar och ta det helt lugnt och bara uppleva vad som händer! Istället händer saker i dig som du inte kan styra.

Detta är besläktat med att du tror att det är du som bestämmer allt i och omkring dig, t.ex att du förstår bättre än någon annan, du måste försvara dig, hävda dig, göra så att du får det du vill ha osv. Men så är det inte! Om jag nu säger "Jäkla skitstövel!" till dig och samtidigt fäktar med armarna kring din kropp, så händer det saker i dina tankar som du inte rår på! De bara händer. Samtidigt som du förstår vad jag säger! Men att du förstår vad jag säger, är inte viktigt, som du ser det. Istället är det viktigt att t.ex försvara en enskild individ som bor därinne i din kropp.

Om jag nu istället säger "Det är nu viktigt att du koncentrerar dig på vad jag säger, och att du inte tänker på något annat", så kan du inte det! Du kan inte göra som jag säger. Tankar kommer, på vädret, eller att jag pratar otydligt, eller vad som helst.

Du kan inte göra som du vill heller. Du kan egentligen inte göra någonting! Det du tror är du, är som ett litet torrt löv i vinden. Du tror att du kan, du tror att du är åtskild allt annat och kan styra, du tror att du måste försvara och hävda, och en mängd olika saker. Men det är inte så – det bara händer saker!

Men, helt samtidigt som allt händer runt vad du tror är du – som vi nu sett inte kan göra någonting och inte kan styra – så händer något mer: Du förstår vad jag säger! Dessa saker händer samtidigt. Det du tror är du, kan inte styra över någonting, eftersom det inte finns något åtskilt du! Det finns en hel hop med tankar, känslor, perceptioner, förnimmelser och händelser som du inte kan styra över, eftersom de bara händer.

Men ändå finns samtidigt en förståelse av vad jag säger, i minsta detalj. Det finns något som uppfattar allt som går att uppfatta, förstår allt, hör allt, ser allt, känner allt. Det finns något som faktiskt är helt pålitligt i den bemärkelsen, något som alltid är detsamma. Som bara är, förstår, hör, ser, känner och är helt öppet för vad som är, som älskar allt, tar emot allt, och bara är. Det finns samtidigt som det finns tanken på, tron på, idén om att det finns ett åtskild "du" därinne som kan bestämma sig för att nu ska du göra si eller så, tänka det eller det – men det är inte du! Idén om den åtskilda "du" är även den något som händer!

Det enda som finns, är vad som förstår vad jag säger. Och den – är samma. Samma överallt och alltid. Den är mig, och du, och vi, och alla, och allt. Det finns bara varande. Det är mycket pålitligt. Var det!

# Uppslukad

Kom ihåg en gång när du var helt uppslukad, upplöst, helt ifrån dig, hänryckt, när "tiden stod still".

Kom ihåg vad det var som hände runtomkring dig. Var det verkligen det som hände runtomkring dig som gjorde något med dig? Troligen inte, eftersom det funnits andra i samma situation som inte kände det så. Troligen inte, eftersom du har varit i exakt likadana händelser utan att det kändes så.

Var det du som gjorde något med dig själv? Troligen inte, eftersom du har gjort likadant tidigare men inte känt det så.

Kvar blir bara att saker händer, och du är vad som upplever dem.

## Testa!

Blunda. Lyssna på ett ljud.
Var sker hörandet? Därute eller där borta?
Troligen, nej självklart, i dig, i medvetande.

Öppna ögonen. Var ses världen?
Också inuti dig, eller snarare, och självklart, i medvetande.

## Opersonligt

Medvetande är intimt, men inte personligt eller individuellt. Alla egenskaper hos medvetande är på samma sätt o-personliga och icke-individuella.

## Mysteriet

Mysteriet är inte hur vi kan vara ett med allt och varandra som samma medvetande.

Mysteriet är hur vi – som **är** ett med allt som samma medvetande – i tanken har kunnat delat upp världen i subjekt och objekt som är åtskilda varandra.

# Berättelsen

När vi först sågs sa jag "du" till dig,
att jag tycker om att vara med dig,
höra dig och att se dig.
Jag vet vad detta "du" är,
detta "du" som läser dessa ord just nu,
men jag föreslår att du inte vet vad detta "du" är.

Det du tror att "du" är, är i själva verket en berättelse.
Du tror att du är bäbisen som föddes,
barnet som lärde sig att gå,
och som gick i en skola där du fick betyg,
tonåringen som fick sitt första jobb,
blev förälskad i någon och bildade familj.

Vad jag kommer att tala om för dig nu,
dissar eller negerar inget av det,
inte heller den glädje eller sorg du upplevt.
Allt det är en berättelse, men vad du är,
är vad som ser den berättelsen,
precis som jag ser den berättelsen.

Du ser berättelsen ur en "första persons" perspektiv,
och jag ser berättelsen ur en "andra persons" perspektiv.
Men här är twisten:
Det är samma berättelse.
Och du är vad som ser berättelsen.
Och det är jag också.

Så om du och jag ser berättelsen,
så är varken du eller jag berättelsen.
Första eller andra personens perspektiv
gör varken dig eller mig till berättelsen.
Så vad du och jag är, är densamma
som ser den berättelsen.

Vadhelst vi observerar, vidrör, hör eller känner,
är inte vad vi i grund och botten är.
Vi är vad som upplever det.
Du säger att du ser mig,
och jag säger att jag ser dig.
Och vad som ser mig, är vad som ser dig.

Det du kallar "dig" är något vi båda upplever,
och inte vad någon av oss är.
Och det "mig" som du säger att jag är, är något vi båda upplever,
inte vad någon av oss är.
Så eftersom du och jag upplever både "dig" och "mig",
så är vi varken eller. Vi är vad som upplever båda. Densamma.

Det är vad du kallar "dig" och "mig" som är olika,
men de är i själva verket endast berättelser
som är upplevda av vad vi är,
detta samma "Jag" som upplever.
Detta samma "Jag" inrymmer både "dig" och "mig",
och hela världen.

Det jag föreslagit här, är ett sätt att se på det.
Ett annat sätt att se det, är att
när jag säger att jag ser dig, och du säger att du ser mig,
så är det i själva verket detta samma "Jag" som ser sig själv.
Vad vi ser händer i vad vi nu vet är densamma,
detta samma "Jag" ser ut som "dig" och "mig".

När vi ser och känner Verkligheten på detta sätt,
ser vi vad som är "under ytan",
och vi ser Verkligheten hos vad som ser ut som "dig" och "mig".
En konsekvens av att se varandra på detta sätt,
och hela världen för den delen,
är att jag ser dig som mig själv, liksom min nästa och hela världen.

Vad jag gör mot dig, och mot hela världen,
gör jag mot mig själv, eftersom vi alla är detta samma Jag.

# Du ser bara dig själv

Du hatar din granne, som har jättefin bil och fint hus. Och han gör alltid något fel. Det kanske inte alltid blir fel, men du tycker ändå att han alltid gör fel. Du går omkring och tänker på hur fel han gör, gnäller och skäller på honom, anklagar honom för saker han inte gjort, och du vet att han är värd att bli utskälld.

Grannen, å andra sidan, förstår. När du skäller på honom, står han där och bara älskar dig, för han vet att ditt skäll inte säger någonting om honom. Det är som att han är från en helt annan värld. Och på sätt och vis är han det. Och på den här nivån möts ni aldrig.

Nyhet: Du ser bara dig själv. Du vill tro att du är en duktig människa som väljer att göra bra saker, sköter om din bil och ditt hus, sköter dig på alla sätt. Men du hatar dig själv så djupt, för du har aldrig varit fri från bedömanden och andras hat och skäll på dig, genom hela ditt lilla liv. Om det var pappa, mormor, lärare, partners eller klasskompisar som skällde, spelar ingen roll. Du lever fortfarande med och i den självbilden. Och eftersom du bara ser dig själv, så är grannen en idiot, vad han än gör!

Och grannen då, som lever i insikten om att han är allt, är ett med allt, och allt är ett med honom, att allt är samma Medvetande? Han ser också bara sig själv. Han ser dig med kärlek och tolerans, och blir varken arg eller uppretad på dig.

Du ser bara dig själv.

Älska din nästa – som dig själv.

# Kom ihåg

Kom alltid ihåg:
Vadhelst som förändrar din upplevelse –
alkohol, narkotika, psykofarmaka,
depression, förälskelse eller eufori,
kärlek eller avsky –
inget innehåll i Medvetande förändrar Medvetande.
Allt är i och ur ett och samma Medvetande.
Detta enda och samma medvetande är Du.

# Löfte

Du kan bli bättre på att göra saker
i den skenbara och alltid föränderliga världen.
Du kan öva kroppen så att den fungerar bättre.
Du kan öva intellektet så att det tänker bättre.
Du kan till och med öva ditt känsloliv,
så att du blir bättre på att känna
och förstå andras känslor bättre.

Men vad som upplever allt detta,
kan du inte göra något åt.
Inte i det fysiska, intellektuella eller emotionella i alla fall.
Det enda du skulle kunna göra,
är att glömma vad som upplever
och leva ditt liv som om det inte existerade,
som att den du är bor i din kropp,
eller i dina tankar eller någon annanstans.

Men jag lovar dig:
Om du tar reda på vad du är,
så att du förstår vad du verkligen är –
det oföränderliga som upplever allt detta,
och att allt faktiskt bor i dig –
så kommer du kanske att fortsätta
att öva kroppen så att den fungerar bättre,
öva intellektet så att det tänker bättre,
öva ditt känsloliv, så att du blir bättre på att känna.
Men förut kanske det var viktigt
eftersom du identifierade dig med det
och tyckte att du måste bli bättre på det,
för att "bli någon", bli en "bättre människa".
När du vet vad du är,
är det säkert inte viktigt på samma sätt längre.

Inget att identifiera dig med, i alla fall.
Och liksom många före dig, säger du då säkert:
– Oj, allt händer av sig själv!

# En verklighet

Det existerar endast en verklighet.
Du är den.

Men "en verklighet" är att säga för mycket.
Det enda man egentligen kan säga
om den enda verkligheten är:
Det finns inte två.

# Skrik!

Precis som vägen hit – en värld av maktbegär i tron på åtskillnad – togs av en mängd
enskilda människor som glömt att de är ett i kärlek... så kommer vägen dit – en värld av
kärlek, ett i varandet – att tas av en mängd enskilda människor som kommer ihåg att de
är ett i kärlek. Så, min kära: Kom ihåg! När du kommit ihåg, skrik ut det från hustaken!

# Förödmjukad?

Endast egot, som inte har någon åtskild existens, kan förödmjukas.

# Var

Att bara vara
är en fantastisk upplevelse!
Men den är helt oberoende av
skenbar vinst eller förlust
ur egots perspektiv.
När du är ledsen – bara var.
När du är glad – bara var.
Bara var.

## Omvänt

Du har ett psyke, och allt annat.
Du saknar inget.

Du är inte ett psyke som saknar något,
även om psyket alltid saknar något.

Psyket kommer aldrig att förstå Dig,
eftersom det är i Dig.

Du förstår psyket,
eftersom det är i Dig.

## Egovinst?

Medvetande har inga problem med ett ego som dyker upp.
Därför "vinner" alltid egot.

## Tillbaka

Om du kommer ihåg
varifrån du kom – Medvetande,
kan du aldrig förlora din plats,
om du går tillbaka.
Därför att du är alltid det.

Och att gå tillbaka är alltid här,
eftersom vi pratar om det,
medan vi kommer ihåg
varifrån vi kom.

Kom, vi går tillbaka!
Och hittar oss själva
precis där vi är.
Allt är väl.

## Förändring

Det Oföränderliga
ser endast förändring.

# Min?

Det är inte min intelligens.
Det är intelligens.
Det är inte min rikedom.
Det är rikedom.
Allt är ett, som uttrycker sig i olika former.
Ingenting är "mitt".

Tänk vad som händer när begreppet "min" släpps!
Oändlig intelligens?
Oändlig kärlek och rikedom?

Det är när "min" läggs till, som den delas upp,
förminskas, anses vara personlig.
Det är då det läggs tid, energi och pengar på
att bli en bättre "mig", mer intelligent, berömd, rik…

Det kan inte vara "min" rikedom,
eftersom detta "mig" inte har någon egen åtskild existens.
Men även om man inte håller med om detta,
kan idén vara attraktiv – kommunism, socialism…
Att dela på allt, är för de flesta en attraktiv utopi,
men viskar tydligt om sitt ursprung, där ingen åtskillnad finns.

Om en människa inte längre håller fast vid "sin" intelligens eller rikedom,
i en miljö där det hålls fast vid "sin",
händer det nästan alltid att hen blir uppäten, slukad, exploaterad eller tystad.
Som har hänt många, som Ghandi, Jesus och andra.
En liten grupp som absorberar och kväver
hens uttryck för det gemensamma.

Det kollektiva släppandet av "mig" och "min",
släppandet av identifieringen med kroppen, rollen, egot,
insikten att vi är ett,
är det yttersta uttrycket av kärlek.

# Fjärmat?

Till en början kanske det låter fjärmat, kallt och känslolöst att inse vad jag är: Att jag inte är den person jag trott att jag är, att jag inte måste vara på ett visst inlärt sätt, inte sköta mig på ett visst inlärt sätt, inte ha en viss utbildning, att jag inte måste bygga på egna eller andras historier om hur man bygger en bra framtid för att bli någonting värdefullt här i världen. Att inte längre tro på det, och släppa all identifiering med den skenbara personen som jag trott att jag är, att släppa alla falska idéer om vad jag skulle kunna vara.

Låter detta som att jag då skulle fjärma mig från verkligheten, att jag inte längre bryr mig om vad som händer i världen? Hänger jag kvar ett tag, så förstår jag snart att det är precis tvärtom!

När jag släppt alla idéerna om vad jag trodde att jag var, när jag inte längre strävar efter att bli det jag eller andra tyckte att jag skulle bli här i världen – kvar blir bara vad jag är, nämligen vad som ser och upplever allt. Som just nu när jag läser detta utan att tänka på något annat!

Jag ser allt som händer. Jag lägger mig inte i vad som händer baserat på mina egna eller andras förutfattade meningar, utan jag bara ser allting för vad det är.

Och helt plötsligt blir seendet ett görande. Som när barnvagnen är på väg att rulla ut i gatan framför den framrusande lastbilen. Jag ser det och springer fram för att skydda barnet från att skadas.

Men om jag istället handlar utifrån falska idéer om huruvida det är värt att rädda barnet eller inte, eller om jag först måste beräkna om jag hinner fram, då missar jag att vara delaktig i vad som händer. Handlar jag utifrån dessa idéer går det oftast åt skogen.

Vi vet redan att de flesta av människans största aktiviteter på planeten håller på att gå åt skogen – vi som försökt vara så smarta, intelligenta, välutbildade, vetenskapliga… ja, då blir det precis så här!

Om jag istället prövar att bara vara vad jag är, och bara se… kommer jag att göra saker som är i resonans med insikten om vad jag är, och handla därefter. Helt plötsligt ser jag vad som behöver göras – om en människa är på väg att skadas så hindrar jag det, om någon blöder, kommer jag att förbinda såren, om någon gråter, gråter jag med denne, och blir det stöd som jag skulle behöva om jag kände dennes sorg, jag blir vännen och tryggheten för den som tror att tryggheten står att finna någon annanstans än i sig själv. Jag ser, och jag gör.

Och jag hör redan nu hur intimt och nära det blir! Hur det faktiskt blir gränslöst, både vad jag ser, och vad jag gör. Eftersom jag handlar utan falska idéer. Och bara är.

# Fattad insikt

Det finns en insikt som ofta fattas. Det visar sig så fort vi börjar prata om huruvida det är Medvetande eller psyke som upplever, om jag kan styra över mina tankar eller inte, osv.

Insikten är att det vi då pratar om och har varierande uppfattningar om, och bara det att vi pratar över huvud taget, och allt hörande, lyssnande, pratande och tänkande, för att inte nämna skrivandet och läsandet av denna text, **är** hur Medvetande upplever sig Själv, hur det ser ut, just nu!

Du består av Medvetande som upplever, inte mer eller mindre, utan endast! Och alltid! Och överallt, för att Du är allt. Och Jag också!

## Robotar kan inte bli medvetna

Man kan få en maskin att utföra mycket komplicerade uppgifter som vanligtvis endast människor kan utföra – och till och med bättre. Men man kan inte få en maskin att ha upplevelsen av att utföra dessa uppgifter, ännu mindre att ha upplevelsen att vara – något som är så ordinärt, familjärt och intimt i den mänskliga upplevelsen. Vi är inte våra hjärnor, och även om maskiner kan utföra uppgifter på ett liknande sätt som våra hjärnor, kommer maskiner aldrig att vara något annat än skapelser av våra intellekt. Som sådana kan de aldrig få eller utveckla Medvetande. Inget ting har någonsin fått eller utvecklat Medvetande, utan alla ting, all materia, inklusive våra hjärnor och maskiner framträder i Medvetande.

Maskiner kan inte förstå, eftersom de är tillverkade av och i människors intellekt. Det som förstår, står före intellekt och definitivt före maskiner. Det som förstår – Medvetande – står före allt som manifesteras av och i sig själv.

# Ordnat

Hjärnan är underordnad psyket, som varseblivs (perception) vad som är praktiskt för organismen när objekt, svart och vitt, kontraster, diskriminering behövs för den.

Psyket är underordnat Medvetande, som upplever sig själv som det, dvs. vad som manifesterats i, ur och av sig själv.

När det i psyket tros att det är överordnat, högst, och det bildas uppfattningar som är långt utöver "vad som är praktiskt" för organismen, händer saker som inte är i samklang med denna naturliga ordning.

Men ingenting av vad allt Är och består av, Medvetande, påverkar eller påverkas av något som inte är i samklang med det, eftersom det är alltings verklighet, och inrymmer allt.

## Med Vetande

Vad som kallas "människor" är inte medvetna. Det skenbart åtskilda vet inget i sig själv, utan besitter istället endast kunskap. Medvetande är vad som vet om skenbart åtskilda "människor".

Endast Medvetande vet något alls. Obs – här avses "vetskap", och alltså inte "kunskap".

Vetskap kan inte förmedlas (mellan skenbart två), utan endast upplevas, gärna "gemensamt" och samtidigt, eftersom vetskap är vad "vi" alltid är och består av, eftersom vi består av själva Vetandet i Med-Vetande, som är allt vetande. Allt som kan vetas, vets av samma Vetande, som därför endast upplever Vetandet om sig Själv, som sig Själv.

Kunskap, däremot, kan förmedlas (mellan skenbart två), och är därför inte Vetande, inte vad vi består av. (Det är inget "fel" med kunskap, dock! Den skenbart åtskilda människan, kan även känna till, ha kunskap om vad den i verklighet är och består av.)

Vad som vet, är alltid oss. Vad vi är, är aldrig mer eller mindre medvetet, även om den skenbart åtskilda människan skenbart kan glömma det. **Och** komma ihåg det!

# Det här är Jag!

Det är ett och samma Medvetande som har upplevelsen av att vara Mischa och alla andra, samtidigt, i tidlöst nu, och i rymdlös rymd.

Det är samma Medvetande som har åtta miljarder mänskliga upplevelser, och ännu fler fiskmåsupplevelser och ännu fler skalbaggsupplevelser, i Medvetandes oändlighet!

Det är samma Medvetande som upplever att en Mischa skriver nu, samtidigt som det är samma Medvetande som upplever ett läsande av dig. Den upplevelse som du kan påstå är åtskild Mischas upplevelse är samma upplevelse, samma Medvetande som upplever allt detta, i sig Själv, i en oändligt mångfärgad och mångljudande kavalkad av… denna upplevelse!

Hur kan jag vara säker på detta? Jo, vi som upplevs i samma Medvetande, kan prata om samma saker, samma färg på himlen, eller samma smak på äpplet, vi kan prata om att det är just det här som upplevs just nu (dvs. att Mischa sitter här och skriver och du är där "på andra sidan pappret" och läser). Vi är överens om det, eftersom vi är samma Medvetande som upplever det! Vi är även överens om att någon kanske inte håller med om detta, utan tycker att det är total galenskap – ja, då upplevs även det, av samma Medvetande, i Medvetandes en och samma upplevelse!

Så ställ dig upp, sträck upp händerna och säg:

–"Jag är Jag, det är Jag som är Jag, och Jag är allt det här, Jag är Jag och Jag älskar Mig Själv! Och Jag älskar Dig och Dig och Dig… Jag älskar alla här, och allt det här! Därför att ni och allt är i Mig. Och inte nog med det – ni är Jag, Jag är Du och Du är Jag."

Om inte det här är att älska din nästa som dig själv, så vet jag inte vad! Det här är Jag som älskar Mig Själv, genom alla och allt!

Namaste!

## Ljus

Jag är ljuset.
Inte en individuell ljuskälla,
utan själva ljuset!
Jag är ljuset som gör det möjligt
att se någonting över huvud taget.
Även individuella ljuskällor.

## Inga svar

Här finns inga svar,
så leta inte efter svar i vad som sägs.
Bara hör vad som sägs.
Svaret står du själv för.

## Cirkelresonemang

Om du tycker att någonting är viktigt,
då kommer det att kännas så,
och att det är så, att det är viktigt.

Då är det möjligt att tolka den känslan
som bevis för
att det verkligen är viktigt.

Vilket enastående cirkelresonemang!

## Innan uttrycken

Inga uttryck av kärlek
är kärlek.
Inga uttryck av sanning,
är sanning.

Kärlek och sanning är
innan alla uttryck,
och alla uttrycks verklighet.

Se hur tydligt detta blir:
Det enda som vi verkligen vill ha,
är kärlek.
Allt som är möjligt att tro,
är en bild av sanning.

Vad är innan alla uttryck?
Vad vi än är,
se att vi är redan, innan uttrycken.
Se att vi är kärlek och sanning.

## Våra gränser

Om kärleken är gränslös,
vilket alla upplever
som är helt uppslukade i den,
så är tydligen alla våra försvar
och skyddsmekanismer
den gräns vi själva drar för kärleken –
som tydligen är så gränslös
att den även ger utrymme för
våra gränsdragningar.

1 Korinterbrevet 13:7–8
*Den fördrar allting,*
*den tror allting,*
*den hoppas allting,*
*den uthärdar allting.*
*Kärleken upphör aldrig.*

## Vad letar?

Letar du efter ditt Sanna jag?

Sluta leta, och endast var…
vad som letade!

Det är vad du – och jag – Är!

## Se

Världen är inte som du tror,
den är som du ser.

# Slut?

Du är vad som framträder som alla former
och vad som upplever detta framträdande.
Att blanda ihop form med vad Du är
skapar lidande.

Är världen på väg mot sitt slut?
Somliga tror det.
Men Du är här, och upplever detta,
och det är "alla andra" också.
Eftersom ingen har rapporterat om
ett slut på upplevandet,
inte heller någon början,
så är Du trygg.

Eftersom Du är detta,
är "alla andra" också det.
Detta är hur välkommen Du är,
i denna verklighet,
för det finns ingen annan.
Släpp tanken på "annan",
och bara var detta.

# Perspektiv

Egentligen har inget perspektiv
något existensberättigande.
Alla perspektiv är och består av
samma oändliga synfält i medvetande,
eftersom det inte finns någon referenspunkt
i vad seendet äger rum i.

Alla försök att hitta något perspektiv
skapar konceptuell åtskillnad.
Tittar vi närmare på denna åtskillnad,
visar den sig vara just vad den är:
Ingenting.

# Mitt (långa) kärleksbrev till Mig Själv

Substanser som förändrar psyket?
Ja. Kaffe, socker, alkohol…
Mat? Ja, ett psyke upptaget med "hungrig"
förändras till ett psyke upptaget med "mätt".
Musik? Ja. Film? Ja. Böcker? Ja. Konfrontationer? Ja.
Alla ting och händelser förändrar psyket?
Psyket förändrar alla ting?
Ja, på sätt och vis.
Det psykiska tillståndet förändras hela tiden,
liksom alla tings tillstånd,
som står i beroende till psykets projicering.
Det finns egentligen inget bra psykiskt tillstånd,
inte heller något dåligt psykiskt tillstånd.
Inget tingens bra tillstånd,
eller tingens dåliga tillstånd.
Endast psykets tillstånd.
Och tingens tillstånd.

Hitom, men ett med alla förändringar i psyket,
är det oföränderliga.
Alla förändringar sker i vad som är oföränderligt.
Psyket upplevs i vad som alltid är detsamma,
det samma som kan beskriva de olika förändringarna.
Vad som upplever förändringarna, och allt annat,
förändras aldrig, är alltid fridfullt, tillåter allt,
är öppet för allt som händer,
lägger sig inte i eller försöker styra,
utan bara älskar allt som flyter genom sig Själv.
Är det inte så,
att vad som än har hänt,
så har vad som verkligen är Du bara sett det hända?
Och att ingenting av det
har egentligen påverkat vad som verkligen är Du?
Du är fortfarande vad som upplever allt,
och Du är här och kan berätta om det,
helt oförminskad.
Är inte det Du, vad som verkligen är Du?
Vad skulle det annars vara?
Vem skulle det annars vara?

Skulle Du säga att Du har styrt några händelser?
Eller bara hände de?
När Du ser och känner igen vad som verkligen är Du,
känner Du behov av att styra
vad som flyter inom Dig?
Är Du inte så intimt ett
med vad som flyter inom Dig,
att inget som händer,
spelar någon roll för vad Du är?
Är inte allt det verkligen Du?
Och när Du ser allt i Dig,
är inte allt fördragsamt i Dig då?

Är Du inte, verkligen, helt tagen
av vad som händer, så ett med det,
att där inte finns någon skillnad,
ingen åtskillnad
mellan Dig och vad som händer?
Var skulle linjen dras?
Var skulle gränsen gå?
Kom ihåg att också Din kropp
är vad som händer i Dig!
Finns det någonting Du kan göra
för att förändra vad som händer,
eller bara händer det?
Kom ihåg att varje försök att förändra det
skulle också bara vara vad som händer...

Att släppa taget,
att se att vad som händer bara händer,
är inte det ett vida eftersökt jämnmod?
Total frid och vila,
i låtandet, seendet av allt som händer.
Allt flyter med, flyter inom Dig.
Är inte det Det Allra Heligaste?
Att bara vara vad som händer.

Rör något av detta Dig?
Eller är Du rörelsen?
Kan Du skilja någonting
från någonting annat,
eller bara rör sig allting
som en enda rörelse,
i ett aldrig förändrat Du?

Om allt som händer
är bekant och liksom hemma för Dig,
vad skulle då kunna störa Din frid?
Du är tystnaden, i vilken allt hörande äger rum,
Du är tomheten ur vilken allting formas,
och Du är ljuset som gör allting synbart.

Allt detta är Mitt skapande, Min skapelse,
och aldrig skulle Jag kunna ge skapelsen
makt att skilja sig själv från Mig,
eftersom Jag är både Skaparen och det Skapta,
och allt Jag ser är Mig själv,
och allt som utspelas kan uppfattas som
att vara oberoende av Mig.
Men allt jordeliv med Mina upplevelser av att vara Du,
och upplevelserna själva,
är helt enkelt
Jag Själv.

Jag kan inte göra detta mer tydligt för Dig,
och alla människans förklaringar
om vad allt detta egentligen är,
kommer alltid till korta.
Det är så tydligt,
det är inte ens mitt framför Dig,
det är i Dig,
precis där Du är –
i Mig.

Tror Du att Du kan lägga din hand på vad som händer?
Att Du på något sätt skulle kunna förändra
vad som är Jag, Skaparen och Det Skapta?
Skulle floden av händelser,
kunna styra sig själv?
Så arrogant att ens tänka det!
Allt som händer,
inklusive att Du kanske vill förändra någonting,
är Mitt, och endast Mitt skapande,
och i Mig finns inga höga hästar att sitta på!
Du är bäcken i min hand,
och Jag styr den vart Jag vill.
Du är skapad endast för att rinna och flöda fritt,
och inte för att strida eller bjuda motstånd,
även om det står Dig helt fritt.

Nej, bara rinn istället!
Tacka för nåden att få och kunna göra det.
Och bara njut av att vindla Dig
genom livets föränderliga landskap,
som aldrig kan hindra Dig att alltid återgå
till Mig Själv, det oändliga Havet.
Du kan vara helt trygg,
Det är Jag som skapar och är allt det här,
och inte låter någonting gå till spillo,
eftersom Jag älskar hela Min skapelse,
och allt i den,
eftersom Jag är den.
Du kan se detta,
så att säga på avstånd,
och känna Mina eviga hjärtslag i Dig,
eftersom Jag är Du.
Eller gå in i skapelsen,
och spela Din roll,
i tacksamhet till och vördnad för Mig,
eftersom Du ser Mig vara allt.

Du är Min kärlek!
Var den, och vad som helst kan hända,
men glöm Mig aldrig, lämna aldrig Min sida
för då kan det se ut som att Jag övergivit Dig.
Och kom ihåg att Jag är mycket svartsjuk
om det ändå händer,
och Jag kommer aldrig att ge upp
i Mitt sökande efter Dig!
Men var lugn!
Det vill mycket till för att en mor
skulle överge sitt eget barn,
men för Mig är det omöjligt,
eftersom Jag verkligen är Du.
Var Jag än ser, ser Jag bara Mig Själv,
så låt Dig själv expandera
bortom psykets alla oöverkomliga begränsningar,
så att Du ser,
att Jag är Du.

Då ser Du Mig alltid och överallt.
Inget är något annat
än former i, ur och av Mig,
och Du faller stum ned i ödmjukhet,
i förskräckelsen över Min storhet,
som samtidigt är Du.
Din tacksamhet har ingen ände,
över att få delta
så intimt med Mig
i Mitt skapande,
nu och alltid,
utan slut. Eller början.
Snurrar det runt i Ditt begränsade psyke nu?
Bra, låt det snurra! Andas ut.
Inget psyke är skapat för att kunna omfatta detta,
utan för att bara vara Min Skapelse, som det är,
och Ditt psyke har Jag skapat endast för att tjäna Dig.
Inte tvärtom.

Var överväldigad, hänryckt, euforisk,
inför storheten av att Jag är Du.
Eller var ledsen eller besviken över något
som utspelas i Mig.
Men se att Jag tar hand om Min Skapelse,
och att Jag aldrig någonsin överger Dig.
Du är för alltid Min älskade,
och för alltid, samtidigt,
utan fördröjning eller väntan,
alltid Mig Själv,
helt utan avstånd eller gräns.
På så sätt kan Du känna och se,
att vi är ett,
Du, Min Skapelse och Jag.
Du ser det!
Du är det!

Jag är outtröttlig i mitt skapande,
och allt får vara med –
även att Du skulle tvivla på det!
Men tvivla inte,
för då kan det se ut som att Du
har brister och tillkortakommanden,
att Du inte skulle räcka till,
att Du på något sätt skulle skuldbeläggas
för vad som hänt eller inte hänt.
Ack, ett sådant missförstånd!
Nej, se Dig Själv för vad Du Är –
Jag i skapandet.
Verkar det alltför storslaget
och fullständigt ogripbart?
Det är det!
För det är Min natur, inte Din.
Du är en aspekt av Mig,
liksom allt annat.
Inte tvärtom.

Kanske, när Du kommer ihåg detta –
som innan Din kropp föddes in i världen –
får Du äntligen frid, min Älskade.
Vi är verkligen inte två.
Välkommen hem!
Där Du alltid varit,
och som Du aldrig lämnat.

P.s.
Vet du "hur många" Mig det behövs
för att skapa en värld?
Så här många, så många som det är!
Och inte bara åtta miljarder människor,
oh, nej!
Min oändlighet återspeglar sig
i hela universum,
från människans ständiga sökande
efter sig Själv, som är Jag,
genom alla varelser och ting,
i oräkneliga antal,
till det yttersta och innersta osynliga.
"Var var Du, när Jag lade jordens grund?

❧

# Moses och Predikaren

Bibeln är ju livsfarlig! I alla fall för vårt inbillade jordeliv:

1 Mosebok 3:19:
*I ditt anletes svett*
*skall du äta ditt bröd*
*till dess du vänder åter till jorden,*
*ty av den har du tagits.*
*Jord är du,*
*och jord skall du åter bli.*

Predikaren 12:7
*då stoftet vänder åter*
*till den jord det kommit ifrån*
*och anden vänder åter*
*till Gud som gav den.*

Om du verkligen drar till sin spets,
att du skulle vara åtskild allt annat
och din alldeles egna Herre,
som måste värna om sitt eget,
i materians egen överlevnadskamp,
då får du höra ditt öde:
Du är jord.
Som återvänder till samma jord.

Du är jord som lever på jord.
Som är, lever och rör sig
i och av samma jord du kommer från,
utan att någonsin lämna ett fulländat kretslopp.
Ser du bara jord,
är du bara jord.
Som du inbillat dig
är din natur och din lott.

Som jord, flyttar du jord,
livnär dig på och av dig själv,
gör du ditt bomärke av samma jord
som du åter ska vara.
Och på intet sätt
ändrar du på någonting,
endast leker en tid,
i förgänglighetens lera.

Men hör det du glömt,
lyssna på det som är sagt:
Vad du alltid känt till, och alltid upplevt
jordens alla rörelser i – är ande.
Samma ande
som du är given ur och av,
vad du som jord inbillat dig
är en Gud, lika åtskild allt annat, liksom du.

Människa, du är blott ett kärl,
som uppfyllts av vad som ser sig själv,
ande som ser sig själv animeras.
Jorden och alla dess rörelser,
är och har aldrig varit du,
utan endast vad du upplevt,
du som är ande,
och återgår till samma ande.

Samma ande som ger av och ur sig Själv,
och alltid förblir sitt sanna Själv,
alldeles oavsett hur jorden rör sig,
i vad ande upplever sig Själv i.
Låt jord vara jord,
och var vad du verkligen är:
Ande som bor i ande,
och aldrig lämnar sitt hem.

Du känner igen, återupptäcker,
vad du innerst inne känt,
genom allt du upplevt,
av materians lagbundna dans –
att den består av vad den framträder i,
det alldeles överordnade högsta,
som utan minsta ansträngning
håller hela universum i sin trygga famn.

Hör hur ande kallar dig vid namn,
ropar till dig så att du må höra,
att du är samma ande,
som alltid återgår till,
och kommer ur
sig Själv.
Var inte orolig, min älskade,
för vi är samma oändliga och eviga.

Förstå och känn hur du kan slappna av,
och se materians dans för vad den är,
alltmedan du förblir vad du alltid är:
Vad som allt som upplevs
får sitt liv, sin rörelse i, av och ur,
och som aldrig räds inför sig Själv,
utan endast välkomnar
varje vibration i sig Själv.

Nu är tid att fira, nu är dansens tid,
i återupptäckandet av dig Själv!
Låt allting ske som det alltid gjort,
i dig Själv, alltings verklighet.
Dina bojor har aldrig fjättrat dig,
så nu kan du verkligen njuta av din resa,
från jordens ständiga rörelser
tillbaka till dig Själv!

## Din nästa

Det verkar svårt att förstå meningen "Älska din nästa som dig själv."
Det är vanligt att man lägger till något som ändrar betydelsen, så här:
"Älska din nästa som *du älskar* dig själv."

Men meningen är likadan som dessa:
Betrakta din nästa som dig själv.
Se din nästa som dig själv.
Behandla din nästa som dig själv.

"Älska din nästa som dig själv" betyder därför:

Du är din nästa.
Älska din nästa som du är.
Din nästa är inget annat än dig själv, du.

## Lugn

Lek med tanken
(för det är allt den är,
och den händer i, av och består av Dig):
Skulle Gud kunna skapa något som
skrämmer Honom?
Skandalöst, eller hur?

Ta den tanken hem, ett steg närmare.
Tanken hände i,
och bestod av Dig.
Ta den hem till Dig.
Bli tanken − som du redan är.
Fråga dig Själv, ur vilket allt händer:
Skulle något kunna hända
i, av och bestå av Dig,
som skrämmer Dig?

Rädsla är endast en tro på något okänt,
något som händer
i, av och består av Dig.
En tro att på något sätt −
tvärt emot all evidens och förnuft,
tvärt emot all upplevelse
som någonsin utforskats −
finns ett åtskilt "du",
som inte händer i, av och består av
Ditt orubbliga Själv.

Så, det finns bara frid,
i att vara vad vi är,
min syster, broder, moder, fader,
dotter och son.
Jag kan inte se någon början eller slut,
på vad vi alltid varit.
Om det finns skäl att fira,
att alltid dansa i vördnad för skapelsen,
så är det detta −
vår Själv-inducerade värld.

## Se

Seende och vad som ses
är inte två.

Detta seende varken hindrar,
påverkar eller påverkas av
något som ses.

## Du är världen

Du är okej.
Du är exakt var
varje atom i Universum
ska vara, just nu.

Det kan fortfarande tros
att detta är sant för Universum,
"men inte för mig" −
en mycket vanlig känsla.

Men du är inte av denna värld.
Du är på rätt spår.
Du vet inte hur rätt du är.
Du är inte en produkt av denna värld.

Andra må fråga:
Hur är det med världen, då?
Då kan du kärleksfullt berätta,
att världen är i dig.

Eftersom världen är i dig,
finns inget att oroa sig för.
Allt är väl.
Andas, lyssna. Delta eller inte.
Förstå och var
vad du nu vet att du är.

Om saker är lätta eller svåra,
så är det lättast att förstå detta,
det är helt utan ansträngning.
Det är alltid tvärtom,
mot vad världen talade om för dig.

Jag är inte en människa
som har en andlig upplevelse,
jag är Ande
som har en mänsklig upplevelse.

Är detta en fråga om semantik?
Nej, det är en fråga om nationell nöd,
nej, global nöd!
Inte om fruktan för vad som kan hända
med individer som kämpar
för överlevnad.
Jag är här för att berätta för dig
att det inte finns något att oroa sig för,
eftersom världen är i dig,
och inte tvärtom.
Tänk på det en stund.

Vad som än händer i världen,
påverkar det inte vad du är.
Detta är vad allt detta faktiskt betyder.

Du kan kontrollera* detta själv.
Ta ett mänskligt uttryck av hopp;
"Jag hoppas att det blir
bättre i morgon".
Ingen har någonsin upplevt en framtid,
och upplevelsen är ett verklighetstest.
Varje upplevelse är alltid verklig.
Och vad som upplever dem
är inte rädd.

Du är bakgrunden
på vilken världen målas.
Så, ja, du kan säga:
"Jag är världen".

Vill du prata om
alla former i Medvetande?
Eller vill du inte bara prata om,
utan även se
att du är detta Medvetande?
Detta samma Medvetande
som innesluter varje uttryck
i, ur och av sig själv.

Öppna dig för möjligheten
att vad jag säger är sant.
Sen, se vad som händer.

## Du är detta

Min älskade.
Sluta söka.
Lyssna på mig, bara ett litet tag.
Låt mig säga dig,
att varhelst du är;
hur skulle du någonsin kunna
se ut över vad du än kallar världen,
utom från var du är?
Vad du än finner,
är endast dig Själv.

Vad din varseblivning än är,
så är den tyngd av filter
och begränsningar i psyket.
Jag frågar dig: Vad är du
utan de filtren och begränsningarna?
Lägg dem åt sidan,
lägg dem på hyllan ett tag –
som vi ändå gör, varje natt
då vi sjunker ned i djup sömn.
Du behöver inte tänka, känna
eller göra någonting.

När du är helt avslappnad
är allt ok.
Vad jag talar **om**
är vad jag talar **till**,
och var jag talar **från**.
Det är ditt hem.

Du är detta.
Ser du hur mycket det är?
Så rikt, med färger, djup,
känslor, smaker, dofter,
planeter, solsystem, överallt.
Det är så vidsträckt.
Du är allt detta.

Just detta är det "mer" som du
alltid velat uppleva.
Detta, just här, är det "mer"
som du alltid velat vara.
Du visste alltid att du kunde
vara något mer,
och du strävade mot det,
genom utbildning, yrke,
förhållanden, ägodelar osv.

Jag är här för att berätta för dig:
Du är redan det!
Du är det "mer"
du alltid ville få ut av livet.
Därför att – kom ihåg:
Vad du än hittar,
vad som än är sant,
vad som än är osant,
hittar du där du är.
Du kan aldrig vara
någon annanstans än var du är.
Det är självklart också där
som du förstår,
att ut ur dig Själv,
skapas tio tusen saker.

Bara var det.
Fullbordat faktum.
När du ser detta,
vet du att du är Tystnaden,
ur vilken varje ljud,
och varje uttryck
av dig Själv
föds.

## Besvikelse

Förväntningar händer alltid.
Besvikelse har att göra med
hur mycket man "fäst sig" vid dem,
i tron att deras uppfyllelse eller inte
påverkar vad jag är.

## I allt!

Det är inte naturen
som uttrycker sig i matematik,
det är naturen som uttrycker sig
i att någon ser den.
Så se den i allt!

Det är inte kärlek
som uttrycker sig i nya förälskelsen,
det är kärlek som uttrycker sig
i att någon känner den.
Så känn den i allt!

Det är inte lycka
som uttrycker sig i den nya karriären,
det är lycka som uttrycker sig
i att någon tror att det är så.
Så ha den i allt!

Det är inte friden
som uttrycker sig i fredsrörelsen,
det är friden som uttrycker sig
i att någon agerar fredligt.
Så agera den i allt!

## Älska barnen

Att älska våra egna barn, oavsett allt som
skulle kunna kallas bra eller dåligt om dem
eller deras liv, kommer faktiskt ur den in-
tima insikten att kärlek och acceptans inte
har något med historia att göra.

Varför skulle inte denna insikt gälla varje
varelse?

# Den skenbara skillnaden mellan trossystem och att uppleva verkligheten som den är

I en religion, när jag tror att jag hittat eller uppnått "det högsta", är det fortfarande "utanför mig" och inte "jag", och det känns även så. Det jag då hittat är "utanför mig", och därför kan jag aldrig vara säker på att det är vad det ser ut att vara, eller vad det utger sig för att vara.

Även materialismens "religion" är på samma sätt. Se på en atom, se vad den består av, kom fram till att det är elektroner och annat, se vad de består av, och kom till slut fram till att det egentligen är tomt, eller vibrationer av strängar av möjligheter. Det är utanför mig, och inte jag, och är därför osäkert.

Om jag tror att jag uppnått det högsta, är det fortfarande inte "jag" (det enda jag kan vara säker på, är att jag är). Därför är det möjligt att tvivel uppstår i trossystem. Tvivlet är avståndet mellan vad jag vet att jag är, och vad jag tror att jag uppnått eller borde uppnå.

Det bästa jag kan ha i min tro, är att övertygelsen är stark och att tron inte går att rubba.

Egentligen är det likadant med alla idéer som handlar om något jag ser som utanför mig själv. Kommunism, scientologi, panteism, materialism eller vilken -ism som helst. Mekanismerna i trossystem känner vi egentligen redan till det mesta om.

När representanter för två olika trossystem argumenterar, är det därför omöjligt för någon av dem att "vinna", eftersom de som argumenterar redan djupt inom sig vet att trossystemen bygger på en grund som inte helt stämmer med verkligheten – nämligen att jag och allt annat är åtskilt. Utgår man från en grund som inte stämmer, blir allt därefter skevt på något sätt. Detta eftersom ingenting i verkligheten är åtskilt.

I det yttersta, det högsta i religioner eller vilket annat trossystem som helst, finns det en inbyggd skevhet som vi intuitivt känner av, eftersom de bygger på idéer som ofta faktiskt är 180° ifrån verkligheten, t.ex att "materia ger upphov till medvetande" (där till och med begreppet "upphov" är skevt). Argumentationen för dessa idéer blir jobbig och krånglig, och denna jobbighet yttrar sig på många olika sätt i olika sammanhang, och horisonten för vad som är möjligt att ta reda på förflyttar sig retsamt längre bort.

Men – att uppleva verkligheten som den är, är därför ingen tro, utan ett upplevt faktum: Att allt som upplevs, upplevs av vad jag är, oavsett vad det är. Det är dessutom så lätt att kontrollera att det är så, innan psykets filter blir aktiva och tankarna påbörjas.

I upplevelsen av verkligheten som den är, finns dessutom inget avstånd mellan vad som upplever och vad som upplevs. Det i sin tur innebär självklart också att identifieringen med kroppen – som man sett som åtskild – upphör. När kroppen upplevs för vad den är, nämligen precis samma som "allt annat", dvs. materia, så upphör idén som grundat sig på åtskillnad, koncept som begränsat psyket till uppfattningar om tid, rum, avstånd, materia, kausalitet osv.

När jag ser verkligheten för vad den är, ser jag därför även vad jag är. Då ser jag att det inte är någon skillnad mellan vad jag är och vad "någonting annat" är. Och då behöver jag inte säga att jag tror någonting. Det närmaste, mest sanna jag kan säga, är att jag upplever att jag är.

Det går heller inte att säga att hur jag ser är ett annat sätt att se verkligheten – eftersom den bara är, och alltid är, vad den är. Det är inte en "typ av upplevelse", eftersom det inte finns några "typer av upplevelser" – det finns bara den här upplevelsen av vad som är, inklusive alla former som framträder i vad som är – även att det pratas om olika typer av upplevelser! Formerna inkluderar alla miljarder människor och oräkneliga andra varelser och ting.

Som Ibn Arabi sade, ungefär:

I stenarna sover medvetande.
I växterna drömmer medvetande.
I djuren rör sig medvetande.
I människan vaknar medvetande och ser sig själv.

Och det är just det vi gör nu. Vi ser oss själva, att vi består av samma Medvetande, som är och upplever allt.

# Endast medvetande

Det finns endast Medvetande.
Inte ett. Inte två. Inte flera.
Medvetande om allt detta,
om hela detta Universum.
Så, naturligtvis hittas inget annat.
Medvetande som är medvetet,
inte bara som och genom människors psyken,
men om allt som är möjligt att vara medveten om,
som och genom alla psyken.
Detta samma Medvetande,
perfekt, helt och komplett som det är,
varken önskar, behöver eller begär något annat,
därför att det är vad som inrymmer
varje önskan, behov och begär.

# Pratar med mig själv

Det är tystnadens ljud som tillåter varje ton.
Det är tomheten som håller varje rum.
Det är ur absolut tomhet,
som varje ting och aktivitet manifesteras.

Det finns endast detta,
och det kan se ut som att du ser det väl,
i insikten om vad du är,
och att allt äger rum i dig.

Det jag talar om är att allt händer i vad jag är,
inklusive varje perspektiv.
Varje perspektiv är ett eko från möjligheternas fält,
som i, av och ur sig själv formas som världar,
utan ansträngning och hitom varje försök att producera dem.

Allt som blir kvar, allt vi kan säga om "allt detta"
är att vi otvivelaktigt är vad det än är
som förstår dessa ord, och att "detta" och allt annat
är vad som händer i vad jag är.

Det är därför inte "ens perspektiv"
utan "allas perspektiv" som händer.
Eller snarare "inget perspektiv",
därför att varje perspektiv
om gott och ont, svart och vitt...
allt balanseras ut "till slut".
Vi är även detta "slut".

Skadar denna insikt oss? Nej.
Den tar endast bort alla möjligheter att förminska dig själv
till "ditt sätt" att se dig själv, att du kan känna dig
som en ynklig liten åtskild varelse som är ett offer för
vad andras uppfattning är om dig.

Alla konstellationer av uppfattningar om "dig"
är en representation av alla ansträngningar,
all strävan, allt sökande, alla begär
som mänskligheten någonsin hållit på med.
Om du vill förminska dig själv till det, så är även det ok –
därför att du vet vem jag talar till, du vet att du är vad som vet
att allt detta är så. Det är allt!

Att försöka förklara detta skulle endast producera vind,
för vi kan inte beskriva vad som är, utan endast vad det ser ut som.

Att inse detta, gör det så lätt att leva, rationellt och enkelt.
Vad din organism behöver för att upprätthålla sig,
inklusive allt som händer med den – hunger, törst, upp och ner –
är endast vad som händer i vad du är.
Och allt det är ok, för du behöver ingen identifiering
med något av det.

# För den som kan – och sen vågar!

Lyssna på den mest underbara låt du känner till,
den som väcker ljuvaste, djupaste känslor i dig.
Lyssna och var uppmärksam på när det känns som starkast.
När du känner djupet, låt dig omslutas av det och var kvar där.

Visst är upplevelsen sann?
Visst är upplevelsen där, när musiken och du möts?
Kan du uppleva hur musiken och du är ett i upplevelsen?
Eller omvänt:
Kan du uppleva någon gräns mellan musiken och upplevelsen?
Kan det ena vara utan det andra?

Kan du nu även lämna bakom dig alla berättelser och minnen kring musiken?
Kan du känna det nakna, råa, helt uppslukande?
Kan du känna hur hitom alla berättelser är det som att
vad som alltid är där, är både var och vad du nu är?

Kan du se det som att var du nu är, är som ett rum som alltid är där,
och inte har någon dörr?
Känns det ens som att du gick in i ett rum?
Är det ens ett rum?

Kan du vara öppen, precis som när du är uppslukad,
öppen för möjligheten att du verkligen alltid är där?
Och att du endast ”glömt” det, när du är intrasslad i vardagen?
En vardag som alltid förändras, aldrig är densamma, som det ser ut.
När du är uppslukad, kan du ana att du alltid är densamma?

Som uppslukad, är upplevelsen alltid densamma.
Du är densamma, även när musiken förändras.
Som uppslukad har du säkert varken ålder eller kön.
Du och upplevelsen är ett.

Just precis där, kan det kännas som att allt du trott att du är
upplöses, försvinner, dör…
Som att du hoppar ut, faller, in i en okänd rymd fylld av kärlek.
Ändå är det så sant, så upplevt, så verkligt!

Men vet! Vet att i denna orubbliga visshet
är du vad som upplever allt, och allt du upplever!
Gränsen mellan vad du upplever och vad som upplever finns helt enkelt inte!
Att där påstå:
–"Jag är åtskild allt annat" blir främmande och overkligt.

Informerad av denna orubbliga visshet, vad händer nu när du "går ut i världen"?
Finns någon väsensskillnad mellan vad du är som uppslukad
och vad du är i världen?
När du inte längre ser någon skillnad, vad händer då?
Ett är säkert:
Vad som än händer då, eller någonsin, tar varken bort eller lägger till något
till vad du redan är.

## Det är alltid 180° ifrån vad vi lärt oss

Jag kan aldrig leta efter verkligheten,
eftersom jag redan och alltid är den.
Jag kan aldrig komma till en bättre framtid,
eftersom jag redan och alltid är vad som kommer.
Jag kan aldrig återvända till något bättre,
eftersom jag redan och alltid är vad som återvänder.
Jag kan aldrig lämna kroppen och vara någon annanstans,
eftersom kroppen och alla andra ställen redan och alltid är i mig.
Jag kan aldrig kriga för att få fred,
eftersom jag redan och alltid är fred.
Jag kan aldrig vara rädd för att dö,
eftersom jag inte är född.

## Farligt?

Det finns ingenting farligt i sig själv.
Vad som är farligt, är att tro att något är det,
och att agera utifrån den tron.

Vår direkta upplevelse av vad vi Är i oss själva,
är outgrundlig frid.
Att agera utifrån det, är definitivt inte farligt.

I något sammanhang när det skrevs texter till kortfilmer och pjäser – oräkneliga gånger – blev nästa två små texter till, antagligen som svar på att någon uttryckt att hen är trött på livet:

## Så här är det

Antingen köper du bara läget och hänger med,
köper nya skor eller ny bil när de ska köpas.
Ibland vinner du, ibland förlorar du,
i tävlingen med dina grannar, kollegor eller vänner.
Hemma vinner du ibland, men förlorar nästan jämt,
när partnern vinner alla gräl, hen är ju så smart,
och du känner dig bara bortkollrad och löjlig.
Denna mismatch lämnar alltid rum för en agenda
som handlar om power-play.
Ha det så roligt med det!

Eller…
stig ur alla dina roller!
Vad blir det kvar då?
Kan du då förstå och känna att du är skådespelaren?
Eller har du gått in så hårt duktigt i alla dina roller,
att du glömt bort vad du Är?

## Dissocierad?

Om man gör skillnad mellan vad som upplever
och vad som upplevs,
är man redan skrämmande nära
att vara dissocierad.

Någon som i det läget kommer i kontakt med icke-dualism
enligt den gängse metoden "Neti, Neti", "jag är inte, jag är inte",
den stigen är då ypperlig
för någon som levt hela sitt liv
nästan helt i dissociation,
att ta det sista steget
och helt flippa ur,
som psyke, eftersom hen
fortfarande tror att hen är psyke.

Psyket kan lägga sig till med
fina etiketter, som andlig och upplyst,
när egentligen ingenting har hänt med det,
mer än att det tagit till sig något snällt
som är sagt för tusentals år sen eller av mig nu…

…när det egentligen endast handlar om
att vara just det här,
vad som upplevs,
från upplevelsen av att läsa dessa textrader
till vad som förstår dessa ord – som allt är samma.
Så sök inte efter någonting utanför dig själv
för att förstå vad du är.
För att förstå det, måste du nästan
sluta söka över huvud taget,
blunda och vara tyst.

När du blundar och det är tyst,
och tankarna stannar…
Om inte det är enda helt trygga sättet
att hitta vad du själv redan är,
då vet inte jag.

## Mig Själv

Det är så magnifikt att vara allt detta!
När Jag är musik i dina öron,
och du inser att du är Ett med Mig,
att du vet att Du och Jag
är ett och samma
som föder Världen som den framträder,
för att uppleva Mig Själv,
som är allt detta!

## 3D-värld?

Nej, detta är inte en 3D-värld,
det är upplevelsen av en 3D-värld.
Upplevelsen av den, skapar den.
Men tänk inte på det,
för det skulle endast vara
upplevelsen av att tänka.
Och missta inte dig själv
för att vara 3D-världen,
men jag erkänner;
det skulle vara enkelt.
Låt oss vara vad som upplever
denna 3D-värld. Frid, broder!
Det är gott att veta vad du är.
Vi är världen!

## Skela

Skela eller vinda med ögonen
när du tittar på ett ljus
som brinner med en stilla låga.
Se vad du vet är en låga
bli två.
Se illusionen.
Se hur de "två" är identiska,
och samtidigt samma.
Men alltid
verkligen
odelbar.
Som du Är.

## Vägen

Vägen är viktig
endast för den som går på den.
Men behöver inte vara det.

## Det här är skalet

Allt jag ser, hör, känner –
upplever,
är som ett skal,
en oändligt tunn hinna,
mellan vad som ser,
och vad som ses.

Vad jag är,
vad som ser,
på ena sidan.
Vad som ses,
på den andra.
Som är samma.

Hinnan är världen,
som former i den.
Lika mycket är den
vad som ser
och vad som ses.
I samma nu.

Vad som ser,
ser bara sig själv
i alla former
av och ur sig själv,
utan åtskillnad.

Varje möte
i den oändliga och eviga
sammansmältningen,
mellan seende och sett,
är vad allt detta är.

## Sann?

Mischa är inte sann.
Sanning är Mischa.

# Våga testa detta!

Musiken strömmas från internet till din elektroniska enhet.
Men volymen är neddragen på Noll, så du hör ingenting.
Men musiken strömmas självklart ändå, "i luften".

Visst förstår du då att musiken är där likafullt,
oavsett om du upplever den eller inte?
Visst förstår du också, att om din kropp skulle ha andra organ
som kunde översätta signalerna "i luften"
till en upplevelse av musik, så skulle du uppleva musik?

Kan du upptäcka nu, att det faktum att du
inte upplever musiken utan sådana organ,
inte på något sätt har med musiken att göra,
utan snarare din kropps begränsningar?
Att vad du upplever inte är "verkligheten", utan faktiskt dina begränsningar.

Kan du se att detta även gäller de övriga kroppsliga sinnena?
Jämför med om kroppen skulle förlora begränsningar:
Om kroppen blev viktlös, avståndslös, transparent...
Visst skulle du då kunna ha många upplevelser
som du inte kan ha med begränsningarna?
Är det inte på samma sätt med psykets begränsningar?

Kan du se att detta även gäller vad som händer i och genom psyket,
att upplevelsen inte är av verkligheten, utan av psykets begränsningar?
Och att om psyket skulle befrias från sina begränsningar,
skulle du uppleva mer och annat?

Kanske infinner sig en ödmjukhet inför egna uppfattningar om verkligheten,
när du inser att det är psykets begränsningar och inte verkligheten
som avgör vad du uppfattar som verkligheten?

Ser du det som möjligt att släppa uppfattningarna
som baserar sig på psykets begränsningar?
Ser du det som möjligt att psyket då växer och expanderar,
så att du kan uppleva mer av verkligheten, och mer "verklighetstroget"?

Om du kan se det, tror jag att du även kan se och känna
att psyket består av vad som (genom allt som är beskrivet ovan,
och genom allt annat i livet) alltid är och alltid varit detsamma,
och är vad som upplever allt – även ditt eget psyke.
Att det är vad du egentligen Är.
Och att allt övrigt egentligen är psykets och kroppens begränsningar.

När ditt psyke är informerat av detta, egentligen det enda Sanna,
tror jag också att det är fullt möjligt att ditt agerande i världen,
världen som ser ut som den gör utifrån begränsningar
som man tror definierar verkligheten,
blir annorlunda, mer ödmjukt och vördnadsfullt inför den Verklighet
som du nu inser är mycket mer än vad du trodde att den var.

Och om du till och med vågar ta ett steg till, närmare Verkligheten…
Om du skulle försöka skilja dig från upplevelsen,
oavsett om det är en dag på jobbet eller att vara i djup sömn eller koma,
hur skulle det se ut? Skulle det ens gå att göra?
Om inte, blir den ovedersägliga och enda slutsatsen:
Du är vad du upplever. Du är alltså även Världen!
Inklusive tekoppen och ditt eget psyke, med allt vad det innehåller,
och allt däremellan och runtomkring.

Nu blir det kanske spännande på ett djupare, mer intimt sätt än tidigare,
att utforska Världen…?

# Säg!
Säg inte vad du tänker, säg vad ditt hjärta är.

# Död?
Liv innehåller både födelse och död,
men dör aldrig Själv.

Jag är. Liv.
Och vad som innehåller både födelse och död.

# Två världar?
Vinda med ögonen, och du ser två världar.
Eller två verkligheter, skulle somliga säga.

Men nej, det är En verklighet,
som är ett med Seende.

Seende som dansar med Verklighet,
dansar i sig Själv, en dans som är allt detta.

Du är Seende och Verklighet.
Samma Verklighet som Ser. Sig själv.

# Skuggor

Fenomen som framträder i vad jag Är,
oavsett om de är starka upplevelser
eller inte,
kan kallas skuggor som formas
i mitt ljus.
Ofta begås misstaget att
om ett fenomen känns bra,
så tror man att det är Sanning.

Fenomen är fenomen,
som kommer och går,
men jag Är alltid vad jag Är.
Tror jag att fenomen är Sanning,
kan jag verkligen hamna
i mycket opraktiska och
till och med farliga saker.

Psykologisk mognad, sunt förnuft
och andlig urskiljning är verktyg
som kan användas för att förhindra det.
Då kan fenomen få bo i vad jag är,
och inte tvärtom.
Frid.

# Permanent

Vad som än händer,
så förändrar det psyket,
eller snarare: psyket förändras,
precis som allt annat förändras.

Psyket är aldrig som det någonsin varit.
Därför definierar det inte vad jag är.
Om något permanent upplevs,
kan det inte vara psyket.

Det enda som är permanent,
är att vara och att uppleva,
uppleva även psykets förändringar,
som inte definierar det permanenta.

# Döma

Kinesiskt ordspråk:
*Den som dömer andra*
*har en lång väg att gå på sin resa.*
*Den som dömer sig själv*
*är halvvägs där.*
*Den som inte dömer någon*
*har kommit fram.*

Lukas 6:37
*Döm inte, och ni skall inte bli dömda.*
*Fördöm inte, och ni skall inte bli fördömda.*
*Förlåt, och ni skall bli förlåtna.*

I ljuset av insikten att jag inte är
något annat än Medvetande
som manifesterats som
det jag kallar för "jag",
liksom alla andra "jag",
hur kan jag döma någon?
Någon som inte är något annat
än vad jag är…

# Åren går, men inte jag

Vad jag är, är vad som var
den 5-åring som skrapade sitt knä
och den 40-åring som fick en son.

Varken 5-åringen eller 40-åringen
finns längre, men vad som var dem
är alltid här, idag och i morgon.

Varken 5-åringen eller 40-åringen
var vad som alltid är detsamma,
men vad som alltid är detsamma,
var dem.

Vad som alltid är detsamma,
är detsamma som varit du,
och är vad du är nu.

# Om synkronicitet

Att försöka uppnå eller uppleva synkronicitet* genom att "bli mer andlig", är att blanda ihop det relativa och absoluta.

I andliga sammanhang rapporteras att synkronicitet oftare händer "dem som är andliga". Men det kan ses på flera sätt, i olika proportioner:

• Med större acceptans för vad som händer på vägen, är det mer sannolikt att det som dyker upp gillas och "stämmer med" den inställning man har.

• "Man ser det man vill se", sägs det. Och man lägger inte tråkiga saker på minnet.

• Man har egentligen ingen aning. Och inget i det relativa förändrar vad jag verkligen är. Med den inställningen kanske det på något sätt öppnas för trevliga saker, men gammal kunskap behöver inte ha någonting med saken att göra, snarare har "att leva i nuet" mer med saken att göra.

Att hitta evidens för vad som ofta sägs, t.ex "vad som händer i det relativa påverkas av min personliga andliga utveckling", är svårt eller omöjligt, och därom finns så mycket rum för personlig tolkning att det kanske är allt det är.

Personligen:
Om jag tycker mig se synkronicitet hända, kan frågan uppstå i mig; "för vem eller vad samarbetar sakerna, om alls?". Då blir det oftast så att det inte längre upptar min uppmärksamhet.

# O-hittbart

Om vetenskapen inte kan hitta någonting substantiellt, solitt eller verkligt
när man borrar sig ned i materian och endast hittar tomrum och kvantumsoppa,
och inte heller när man tittar ut i universum och inte kan komma längre än händelsehorisonten... visst är det då ganska komiskt att vi kan tro att minsann, om man söker tillräckligt noga, så kommer man att hitta människans väsen, något substantiellt, solitt eller verkligt... i kroppen eller hjärnan?

## Polis?

Alltid på min vakt.
Alltid någon eller något
som är fel och måste ändras.
Ständigt måste jag gå in i
situationer där jag har rätt,
eller vet bättre hur man ska göra.
Att hitta den som bär skulden
för vad jag upplever.
Polis. Det är mitt jobb,
dygnet runt.

Eller?

Så många mår så dåligt,
vad kan jag göra?
Trösta lite här,
uppmuntra lite där.
Berätta om andra sätt att göra,
om andra sätt att se?
Det som kallas "mig"
är summan av allt och allas
upplevelser av "mig" –
så vad kan jag annars göra,
eller vara…
Tjänare. Det är min lust, mitt kall.
I den oändliga och eviga Kärlek
som är alltings öppna verklighet,
även min –
hur kan jag vara något annat?

När vi ser varandra för vad vi är,
istället för varandras fel,
och allt som borde vara annorlunda,
vad händer då?

Ser vi att vi alla sitter i samma båt,
på samma resa,
en resa vi sällan vet så mycket om?
Att vi faktiskt kan låta andra
ha sina fel och brister,
precis som vi själva
gärna vill kunna ha våra?
Att vad vi både behöver
och längtar efter, redan är med
på vår gemensamma resa?
Kanske till och med "inom oss"?
Kan vi då vara för varandra
precis vad vi alla behöver?
Antagligen står det oss fritt,
eftersom verkligheten
lägger sig tydligen inte i.
"Stå inte i skuld till någon
utom i kärlek till varandra",
sade en gammal guru. Redan då.

I en tid av universellt bedrägeri, är det en
revolutionär handling att säga sanningen.

**George Orwell? (1903–1950)**

## Inifrån

Världen
presenterar sig själv
exakt som vi ser den.

Det verkar finnas
individuella sätt
att se en ändlig värld.

Men i verkligheten
finns endast oändligt Medvetande
som upplever individuella synsätt.

Se världen
inifrån Medvetande,
och upplev dig Själv.

# Se och hör

Det är inte ljus som gör det möjligt att se.
Det är Seende.

Det är inte ljud som gör det möjligt att höra.
Det är Hörande.

(Seende och Hörande har många "syskon",
och det är samma sak med dem)

Seende kan inte ses,
och Hörande kan inte höras,
men ser och hör allt,
samtidigt. Det här.
Allt det här.

Vad som ses
är inte Seende.
Vad som hörs
är inte Hörande.

## Överensstämmelse

Det är sagt att man ser endast sitt eget psyke.
Det kan tydligt förklaras så här:
Du inser att vad du än ser,
så är det en konstruktion av ditt eget psyke,
eftersom när någon annan ser på samma scen,
ser hen annorlunda på det än du.

Så, i den bemärkelsen kan vi definitivt stadfästa
att vad du ser, är ditt eget psykes konstruktion av det.
Och det är inte "det".
"Det" innehåller alla perspektiv som alla kan ha.

Om du tror att du är en åtskild entitet,
och att vad du ser är verkligheten,
kommer verkligheten att "överensstämma" med hur du ser.
Om du tror att du är endast Medvetande
kommer verkligheten att "överensstämma" med detta sätt att se.

## Skönhet

Du ser på en vacker bild.
Bilden är en port till upplevelsen av skönhet.
Det är som att du verkligen är där när bilden togs,
att du upplever skönhet.
Samma skönhet som du upplevde när du såg på en vacker bild,
skönheten som alltid är densamma,
och oberoende av sakerna, händelserna eller personerna i bilden,
och av tiden och rymden mellan dem.
Och du har just insett:
Skönhet är alltid var och vad du är.
Att skenbart glömma det
gör inte att det är på något annat sätt,
eftersom du alltid är samma skönhet.

## Se Venedig, sedan dö?

Regissören Luchino Visconti i dokumentären *Världens vackraste pojke* (2021) om skönheten
i filmen *Döden i Venedig* (1971):
–"Denna typ av Död, det är en intellektuell Död, du vet, det är en berättelse om en in-
tellektuell som följer Skönheten, den absoluta Skönheten i världen, och när han finner
den i en ung pojke som bor på Grand Hôtel des Bains, och du vet, när han lägger sina
ögon på Skönheten, lägger han sina ögon på Döden."

När man upplevt absolut Skönhet, upplever man på samma gång Döden. När man upp-
levt absolut Skönhet, finns inget mer. På ett mycket djupt sätt är detta Döden. När abso-
lut Skönhet ses, finns inte längre subjekt och objekt.

# Filmen

Jag spelar huvudrollen i denna film, filmen som jag ser just nu.
Du spelar huvudrollen i filmen, filmen som du ser just nu.
Någon annan spelar huvudrollen i filmen, filmen som hen ser just nu.
Grejen är den, att det är samma film, och upplevelsen av den,
är vad denna text beskriver:
Att jag spelar huvudrollen... du spelar huvudrollen... osv.

När jag inser detta, att allt förhåller sig som beskrivet, ser jag även att:
Du, jag och någon annan är samma, samma som upplever både dig,
mig och någon annan i filmen.

Jag ser detta, och känner att egentligen, på fullt allvar är vad som än händer
i filmen – oavsett om det drabbar dig, mig eller någon annan – helt ovidkommande
för vad som är samma, för vad som upplever filmen.

Om jag ser varje händelse i mitt liv som en bildruta i den film
som jag för tillfället ser, kanske jag även ser detta:

Om jag skulle vilja att filmen borde vara annorlunda på något sätt,
så kan jag påminna mig själv om att den absolut enda film som finns, är just den här!

Då har alla "andra" filmer – som ingen ser – ingen betydelse alls,
om inte annat för att de filmerna inte finns. Varför annars?

Framför allt för att den enda film som finns, är just den här och den är var och vad jag
är. Hur kan jag nu annat än älska och vårda allt i den?

# En gåta?

Du är. Du är vad du är. Absolut oberoende av vad du – vad du är – upplever.

Att ta reda på exakt vad du är, är därför den högsta ansträngning någon kan göra, allt
annat hänger på denna upptäckt, insikt, avslöjande.

Ingen kan tala om för dig vad du är. Endast Vad-Du-Är kan veta, se, inse, känna vad du
är. Följaktligen kan du inte tala om för någon annan vad du är, och ännu mindre tala om
för någon annan vad de är.

# Tillvaron

Människan häpnar
och drivs till mer forskning när man upptäcker
hur en djurart förändrar sin tillvaro
genom t.ex användandet av verktyg.
Denna drift är säkert delvis för att
utforska människans ursprung, dvs. sig själv.

Kanske kunde vi häpnas mer åt,
och istället bara lära oss av,
att djurarter oftast inte förändrar sin tillvaro alls,
kanske för att detta kan säga oss något viktigt.

Kanske kan vi inse att inte heller vi
så frenetiskt och så ofta utan hänsyn
till varken vår egen miljö eller varandra,
behöver förändra vår tillvaro?

# Ego?

I den mån man kan prata om ego, är det mer en aktivitet.
Egot är därför mer en "konsekvens" av seende, hur det än ses.
Ses världen som en fiende, agerar "egot" utifrån det.
Ses världen som mig själv, agerar "egot" utifrån det.
Egot "blir man inte av med" i jordelivet, verkar det som.
Egot är därför mer en trogen tjänare, än en mästare, herre, ledare.
Allt jag ser, även egot, är kölvattnet av vad jag är. Inte tvärtom.

# Tålamod

Tålamod är att acceptera väntan på något okänt. Även nästa ögonblick är okänt, och
därför är tålamod vår natur. Otålighet är glömskan av vår natur. När det okända blir
känt, avslöjas otåligheten för vad den är: Ingenting annat än en idé i psyket. En idé som
kan ha varit tung att bära. När den ses för vad den är, då är den borta, liksom morgon-
dimman vid soluppgången.

## Storleksordningar

Psyket använder hjärnan
för att kunna förnimma världen.
Hjärnan använder inte,
och kan inte använda psyket.

På samma sätt är det en storleksordning* "upp":

Medvetande använder psyket
för att se sig Själv som världen.
Psyket använder inte,
och kan inte använda Medvetande.

## Om rum och tid

Om rum, rymd:
**Här** finns, det upplevs.
**Där** finns inte, det upplevs inte.
Hur det är att vara Här är känt.
Hur det är att vara Där är okänt
och endast spekulation.
Och när jag är Där,
är det fortfarande samma Här.
Där är en endast en tankekonstruktion
som utgår från att Där finns,
och är därför ett cirkelresonemang.

Om tid:
**Nu** finns, det upplevs.
**Sedan** och **Förut** finns inte, de upplevs inte.
Hur det är Nu är känt.
Hur det är Sedan eller är Förut är okänt
och endast spekulation och minne.
När jag är Sedan, är det fortfarande samma Nu.
När jag var Förut, var det fortfarande samma Nu.
Sedan och Då är endast tankekonstruktioner
som utgår från att de finns,
och är därför ett cirkelresonemang.

# Vetande

En stol vet inte att den är en stol, och kan inte veta det heller.
En dator vet inte att den är en dator, och kan inte veta det heller.
Men vetande vet att en människa är en människa,
en som kallas dig, en som kallas mig osv.
Vad är det då som vet?
Det kan inte vara människan som vet,
eftersom vetande endast vet om något annat än vad det är.
Vetande vet om saker: Stolen, datorn, människan...
Och vetande vet att det vet.

Och går man ännu närmare vetande, så...
Vets det egentligen att en stol är en stol, att en dator är en dator,
att en människa är en människa?
En stol är en stol, en dator är en dator, en människa är en människa
endast i tanken hos människan.
Och de tankarna vet vetande om, så vetande kan inte vara en tanke heller.
Vetande vet även när det inte finns något att veta,
som i drömlös djup sömn eller narkos.
Så det enda som verkligen vets om, och som verkligen vet, är vetande.
Det är det enda som blir kvar. Vetande, vad som är med vetande. Medvetande.

# Fallande trädet

Frågan är inte
om ljudet av ett fallande träd hörs
när ingen är där för att höra det.
Frågan är inte om vad vi upplever
är verkligt eller inte.

Svaret hittas än en gång i frågan.
Det faktum som alla är överens om
är att vi alla upplever detsamma,
och det är på grund av att vi är
detsamma Själv som upplever.

Att vi hör samma träd falla,
och att vi upplever vad som helst tillsammans,
beror på att vi är detsamma,
inte på att tingen är verkliga,
utan på att vad som upplever dem är verkligt.

Vad som upplever är det verkliga
hos både vad som upplever och vad som upplevs,
oavsett om en eller fler varelser
hör ljudet av ett träd som faller,
eller har någon upplevelse alls.

# Letandet

Vetenskapsmän letar och letar,
de hoppas att hitta vad vi består av
och vad som utgör en människa,
men de hittar bara celler, molekyler, atomer…
Och framför allt hittar de inte vad som letar.

Men de vet och känner intuitivt
att de är vad som letar.
Och det är bara så,
att vad som letar
inte kan vara något man letar efter.

Vad som letar föregår vad som letas efter,
letandet är alltid efter varandet.
Vad som letar kan därför heller inte vara
vad som uppstått ur
vad man letar efter.

# Vi har inte glömt

Det är inte så att vi har glömt vad vi är eller varifrån vi kommer.
Det fattas oss ingenting som vi söker efter för att bli kompletta, hela.
Hur är det då?
Jo, så här – och det kan inte vara på något annat sätt:
Vi är det här.
Så här ser vi ut nu.
Hur det ser ut nu är inte hugget i sten.
Egentligen vet vi endast en sak om världen:
Den förändras, den är inte beständig, den händer,
och vi är vad den händer i, eftersom vi upplever den.
Och den ser ut så här – och inkluderar även
att någon söker efter något som hen tror fattas sig.
Även det är en möjlig form i vad vi är.

Så om vi endast är vad vi är,
då är vår benägenhet att t.ex hjälpa någon i nöd
inte styrd av våra personliga minnen av hur det är att vara i nöd,
utan vi är informerade av att vi också är den som är i nöd,
och då ställer vi allt som vi är till dennes förfogande,
så att denne inte längre är i nöd, oavsett vem det är.
Den barmhärtigheten är inte personlig.

I världen finns många behjärtansvärda insatser
som finansieras genom att man vädjar
till människors personliga empati för den nödställda,
och anordnaren upphöjs ofta som en välgörare.
Men detta agerande leder inte till
att mänskligheten inte längre lider nöd,
utan endast de som för tillfället får åtnjuta
en personligt riktad och därför begränsad barmhärtighet.

Den barmhärtighet som är informerad av
att vi är vad även all nöd händer i,
en barmhärtighet som i religionerna kallas "guds barmhärtighet",
och som anses större än en enskild persons barmhärtighet,
den barmhärtigheten är i själva verket vad vi alla är och består av,
och är därför inte personlig, och den innesluter allt vi upplever.
Även någon som söker efter något hen tror fattas sig,
och även någon som är i nöd.

# Mening?

Fråga: –Så denna filosofi, världssyn,
talar mycket om att det inte finns någon mening
med någonting som händer i världen?
Svar: –Själva idén, frågan om mening,
är vad som skapar, inte bara mening,
utan också meningslöshet – på samma gång.

Det är inte så att det antingen är mening
eller meningslöshet med vad vi ser i världen –
som endast är saker, händelser och psyken,
och synpunkter på dem, från olika perspektiv.
Vad vi är, är allt det.
Komplett.

Detsamma gäller kärlek och fruktan,
gott och ont, bra och dåligt.
Och det är alltid sant:
Alla idéer skapar sin skugga.
När jag ser att jag är allt det,
kan jag vila i frid.

Varande är framgångens verklighet.
Varande är misslyckandets verklighet.
Varande är alltings verklighet –
belöning och börda, stolthet och skam –
men ingenting definierar eller förändrar varande,
utan endast upplevelsens innehåll.

Informerad av denna insikt,
kommer personen som jag också är
troligen att tänka och handla annorlunda
än då jag inte var informerad av den.
Nu ser och känner jag
att jag även är min nästa.

## Liknelse: En människa som en sensor

En sensor sitter på ett nätverk av sensorer.
Den sensorn känner inte till vad en annan sensor registrerar.
Men egentligen känner sensorn inte till någonting,
den endast registrerar någonting.
Vetskapen om vad som registreras är i själva verket det medvetande
som upplever vad sensorn registrerar, ja, vad alla sensorer i nätverket registrerar.
Att sensorn kan inbilla sig att det är sensorn som upplever vad som registreras,
är i själva verket samma medvetande som upplever vad alla sensorer registrerar.
Nätverket av sensorer, hela nätverket, är något som medvetande använder sig av
för att uppleva världen.

Det kan tyckas vara läskigt att få höra att vad jag är, är själva medvetandet
i upplevelsen av att t.ex se, och att det är samma medvetande som ser allt annat –
läskigt endast om jag är av den uppfattningen att seendet upphör när sensorn slutar fun-
gera. Dock vet vi redan att seendet inte upphör, det fortsätter, även om just "min" sensor
upphör att fungera.

Det finns ingen åtskild sensor, ingen ensam sensor utanför nätverket, eftersom då finns
heller ingen upplevelse av vad den sensorn registrerar. Detta faktum att upplevelse äger
rum, pekar otvivelaktigt på flera saker:

1. Alla sensorer sitter i samma nätverk
2. Jag är i själva verket vad som upplever, inte sensor.
3. Du är inte heller något annat än det.

Gud sover i stenarna, drömmer i växterna, rör sig i djuren och vaknar i människan.

**Ibn Arabi (1165-1240)**

Kortversion om vad som hänt:

Jag gick omkring och levde i den här världen, vi kan kalla den för cirkusen. Visst förstod jag en hel del om den, hur den fungerar och så, och att jag, min person också är en del av samma cirkus. Men jag ska ärligen säga att jag inte förstod den, hur saker agerar och interagerar, hänger ihop, vad alla detaljer betyder och hur jag bäst kunde förhålla mig till dem. Inte för att jag inte hade gjort mina tappra försök att förstå den, det hade jag verkligen försökt att göra på flera sätt. För att inte tala om alla olika uppfattningar som finns om cirkusen! Alltifrån experter och vetenskapsmän till flummiga sekter som dyker upp då och då, där den ena är inte den andra lik, och många torgför sina uppfattning som den bästa eller vad som gäller, från tid till annan.

Sommaren 2022 ber man mig i något sammanhang att beskriva vad som hänt mig. Den beskrivningen får gärna hamna här:

Så hände det helt plötsligt när jag satt och funderade på detta med hela cirkusen, det kändes som att jag liksom föll baklänges, och landade i vad som är hitom, på "den här sidan" av hela cirkusen. Jag hade trott att jag och världen var hela cirkusen, att det inte fanns något annat, och att jag var mitt i den och var en del av den som alla andra, så att säga. Men just då var det som att jag hamnade, inte bakom eller utanför, utan hitom hela cirkusen, på en "plats" som jag inte visste fanns. Och här var det helt stilla. Cirkusen var helt oförändrad, ingenting förändrades i den, men i den där stillheten var det som att jag såg både personen som jag trodde var det enda jag var och hela övriga cirkusen – men från en plats där jag endast såg och förstod, utan att jag var involverad eller påverkad, och utan någon inre kommentator som tidigare alltid kommenterat och bedömt allting.

Då gick något upp för mig, inte om cirkusen eller personen som jag trodde var det enda jag var – nej, jag såg och kände att vad jag är, är här hitom cirkusen, hitom även personen jag är, hitom alltihop. Och här kunde jag se på cirkusen – inklusive personen som jag är i den – på ett nytt sätt. Helt utan tvivel eller tro, kände jag att vad jag verkligen är, är vad som är här hitom alltihop, och att varken personen i cirkusen eller vad som händer i cirkusen kan påverka vad jag nu känner och inser att jag är.

Det kan låta som att jag i den stunden distanserade mig från, tog ett steg bort från cirkusen. Men det var nästan tvärtom! Cirkusen – inklusive personen jag är i den – händer liksom inuti vad jag egentligen är. Tidigare såg jag andra personer och saker som händer i cirkusen som saker som var utanför mig, och nu var det liksom tvärtom. Allt händer så nära och intimt i mig – inte i personen som jag också är, personen i cirkusen, utan i vad jag nu känner och ser att jag verkligen är, hitom alltihop.

## Jag bryr mig inte? Eller?

Jag anklagar mig själv för en känsla att jag inte bryr mig längre. Andra har till och med närapå anklagat mig för att inte bry mig. Svårigheten kan se ut att vara att förlåta mig själv för att känna så, och att tillåta mig själv att känna så.

Men det betyder inte att det är så jag borde göra. Istället kan jag inse att det inte spelar någon roll om jag känner så eller inte. Så svårigheten jag upplever, är i realiteten att jag anklagar mig själv.

Utöver det, kan jag även inse att det inte finns någon högre eller lägre sätt att känna, än hur jag känner, inklusive att ha det svårt med att anklaga mig själv. Att anklaga mig själv förändrar eller påverkar inte vad jag i realiteten är, som upplever alltihop.

Men: Är detta att undvika någonting? Slutsatsen av ovanstående förklarar eller adresserar egentligen ingenting, inte heller ger det mig lov att känna så här, eller att anklaga mig själv. Den är öppen för och har inga problem med möjligheten att jag fortsätter känna så här och anklaga mig själv.

Att få reda på vad den här känslan egentligen är, är också att få reda på att den inte spelar någon roll. Och jag skulle kunna lura mig själv till att tro att det är ok att ha denna svårighet – vilket det också är!

Jag kan förmoda att ovanstående är sett ur Medvetandes perspektiv. Det är alltid trevligt att veta vad jag är, och att vara detta Medvetande som är närmare alla upplevelser än mig själv, dock utan att förändra eller påverka det.

Men...
Hur är det med personens perspektiv, detta psyke, i vilket svårigheten är? Eller snarare, psyket är svårigheten, och svårigheten består av endast psyke.

I allt detta undviker jag inte frågan om att känna så här, att jag inte bryr mig. Att känna så här känns riktigt dåligt, och jag kan lära mig genom att utforska vad denna känsla verkligen är. Jag skulle kunna fokusera på det jobbiga med att anklaga mig själv, men jag tittar inte på det, jag tittar på hur det är att känna så här, att inte bry mig längre. Är det sant att personen inte längre bryr sig? Är detta vad personen känner?

Jag kommer ihåg att jag redan vet att känslan på ett visst sätt mycket väl kan vara baserat på saker som inte är sanna, och att om jag senare får reda på det, känner jag inte på det sättet längre.

Att fråga mig själv detta gör inte mig till två. Det enda som verkligen finns är Medvetande som upplever och uttrycker sig själv, nu som en person som kan känna att han inte bryr sig och anklagar sig själv för det.

Så, som detta Medvetande kan jag fråga personen om detta, Medvetande som talar med en utkristallisering i sig själv, Medvetande.

Så jag frågar: "Känner du att du inte längre bryr dig?" När jag hör frågan, känner vad jag Är i tystnad: "Nej, så känner jag inte, självklart bryr jag mig", men i psyket uppstår tanken "Ja, jag bryr mig inte längre", men eftersom personen har svårigheter med hur det känns, sägs det med ett mått av skam. Svårigheten och skammen handlar egentligen inte om att känna så, utan om att jag anklagar mig själv för att känna så, och anklagandet kommer sig av en krock mellan vad som är sant och vad som inte är sant. Vad som är sant, är att jag alltid bryr mig, men inte om vad jag gör eller vad som händer, utan om att göra vad jag bryr mig om. Så jag skulle kunna tala om för min person att fortsätta göra vad jag bryr mig om. Och då blir väl den egentliga frågan: "Vad bryr jag mig om?"

Det kan också vara så att jag, personen, börjar känna mer utifrån vad jag verkligen är, som varken kan säga "jag bryr mig" eller "jag bryr mig inte", eftersom båda är möjliga uttryck av sig Själv. När jag känner mer och mer vad som är Sant, så känner jag att vad som är Sant inte är beroende av om jag bryr mig eller inte. När det känns så, händer därefter tankar om att det inte är ok att inte bry sig. Känslan består av en tanke plus en berättelse, och då känns det obekvämt eller fel att "inte bry sig", men känslan är inte kopplad till hur det skulle kännas att inte bry sig, utan det obekväma känns för att det inte stämmer med vad som är Sant, nämligen att det inte spelar någon roll om jag bryr mig eller inte.

Detta resonemang med mig själv mynnar ut i:

**Jag bryr mig inte om vad jag gör.**
**Jag gör vad jag bryr mig om.**

# Om drömmande

En självklar förutsättning för att kunna föra ett vettigt samtal med någon om innehållet i mina drömmar är att jag är på det klara med att jag inte är den drömda karaktären, utan drömmaren. Innehållet i drömmen, inklusive den drömda karaktären, består av enbart mitt psyke.

Detsamma gäller för att kunna föra ett vettigt samtal med någon om innehållet i mina upplevelser i vaket tillstånd, att jag inte är något av innehållet i det upplevda – inklusive min kropp och hjärna – utan vad som upplever. Innehållet i det upplevda består enbart av vad som upplever det.

Antagligen är mitt drömmande som det är eftersom det är en återspegling av – och på-minnelse om – vad hela min person består av.

## Tydligt

Någonting är så tydligt när vi inte pratar samma språk.
Inte på grund av vad som är sant eller inte, rätt eller fel.
Hur vi pratar är ett uttryck för hur vi ser.
Ett sätt att se är varken bättre eller sämre än något annat sätt, i sig.
Det har heller inget att göra med vad som ses:
I mig kan du se en idiot eller något mycket älskvärt.
Ingen av de sätten att se är sanna, i sig själva.
Vad som ses är en konstruktion i psyket
och är beroende av hur vi ser.
Någon gör sig en bild av vad hen tror är verkligheten,
och någon annan gör sig en annan bild som hen tror är verkligheten,
trots att de ser samma verklighet.
Någons bild stämmer inte med någon annans bild av samma verklighet.
Då kan osämja uppstå, eller något ännu jobbigare.
Inte för att den ene har rätt och den andre har fel.
Innan rätt och fel, innan någon ser en idiot eller något älskvärt i mig,
innan vad som ses, och innan hur det ses,
finns det enda verkliga och sanna:
Seendet i sig själv.
Seende gör inte skillnad på bra och dåligt seende
bra och dålig människa eller händelse.
Seende endast ser.

# Vad som ser

Vad som ser äpplet på bordet är verkligt, det är här, är närvarande.
Men vad som ser går inte att se. Så långt är de flesta med på noterna.

Men jag tar det ett steg till.

När vi står framför varandra och ser varandra i ögonen,
så är vad som ser mig vad som ser dig.

## Medvetande är inte personligt

Medvetande är inte personligt eftersom vi alla är samma medvetande på exakt samma sätt. Inte nog med det, vi är medvetna i precis samma nu, allihop. Vi märker det tydligt t.ex när vi videochattar i samma nu, genom både tidszoner och datumgränsen.

Det är lätt att konstatera att den "enas medvetande" ser exakt likadant ut, beter sig på samma sätt och är identiskt med den andras. Inte nog med det, vi är alla medvetna om detsamma. Ingen har samma berättelse som någon annan och inte samma uppfattning om innehållet i medvetande, men skalar man bort berättelsen och uppfattningen om innehållet i medvetande, så blir det bara medvetande kvar – och det är inte bara gemensamt, det är samma, identiskt.

Att det är samma medvetande, gör att när två personer luktar på samma ros, så är upplevandet identiskt, vi ser att det är samma upplevande. Att vi upplever samma beror inte på att det är samma ros och samma doft, utan att vi är detsamma som upplever. Sinnena kan vara annorlunda, den ene döv och den andre blind, men denna insikt handlar inte om det. Den handlar om att vad som upplevs samtidigt tydligt pekar på att medvetande inte är personligt, och att det är samma medvetande som är medvetet om samma verklighet.

Vad det än är som får oss att tro att det är två olika och åtskilda upplevelser – t.ex olika sinnen, uppfattningar, mm. – det kan vi lägga på hyllan ett tag och konstatera att upplevelsen är inte två, och att det är samma medvetande som upplever samma verklighet.

Om vi utvecklar detta, så innebär det också att även om den ene upplever något i Sverige och den andra något annat i Brasilien, så är vad som upplever "genom" oss båda fortfarande identiskt. Innehållet i upplevelsen förändrar inte vad som upplever.

## Att ta ställning

Frågan om att ta ställning bor inte hos mig. Jag förstår att frågan uppstår i landet Rätt&Fel, men där bor jag inte. Det kan låta som att jag då gör det lätt för mig, men det är precis tvärtom. Det är så hårt inlärt att vi "måste" stå på någon sida, stå för en åsikt, påverka genom partipolitik osv. Men tänk på att varje sida, och bakom varje ståndpunkt, håller sig varje människa till något som hen tror är sant. Tror. Alla tror att de är på den rätta sidan. Och försöker kanske att få mig och andra till att sluta upp bakom den. Det måste vara något knasigt med allt detta. Ser jag mig om, har ingen lyckats speciellt väl. Att det uppstår fler fraktioner av ståndpunkter gör inte saken bättre.

Självklart vill de flesta väl, endast några få har tagit extremt exkluderande och avvikande ståndpunkter. Finns det möjlighet för alla att samlas runt vad vi alla känner likadant om, istället? Att inga människor ska behöva gå utan mat och dryck, att vi alla ska kunna leva utan brist och våld? Att på så sätt stå på varje och allas sida, eftersom den är densamma – och inte är någon sida alls, utan samma. Vi kan väl ändå begripa att vad som står emellan detta och att alla får det drägligt, är just… sidor, olika åsikter, partier, egoism, etnocentrism, nationalism osv. Vad som än står emellan är betingat, uppfostrat, inlärt – och kan ändras! I och av en själv. Nu.

## Kärlek till visdom

Filosofi i sin ursprungliga mening, kärlek till visdom, har vår kultur nästan helt eliminerat. När hörde vi senast om visdom över huvud taget, i ekonomi, politik, mm? Visdom kommer från något djupare och närmare oss än kunskap. Har vi lärt oss att tro att om vi bara når ett visst mått av kunskap om allt, så löser vi världens alla problem? När skulle vi i så fall nå det måttet? Och hur skulle det avgöras?

Visdom är något annat än kunskap. Någon kan besitta all kunskap men ändå helt sakna visdom, och den visaste kan samtidigt vara mycket okunnig. Vis kommer från sanskrit *vedas* som betyder att se. Att se är i den bemärkelsen aktivt, att se hur läget är och därmed vad som behöver göras. I seendet behövs inte nödvändigtvis kunskap eller kännedom om historien. Ses någon som håller på att dö av hunger eller törst, blir görandet automatiskt; att bistå med mat och dryck. Det är vist att göra så. Något måste därför stå i vägen för visdom ifall bistånd med mat och dryck inte sker när en människa, eller miljoner människor lider nöd. Egentligen är det helt ovidkommande att känna till något annat, ens vad som står i vägen, eller ha kunskap om ett folks historia, dess ekonomiska eller politiska situation, hur ett bistånd med mat och dryck påverkar dem som bistår osv. Svälter någon i brist på mat och dryck, bistår man med mat och dryck, punkt.

Visst kan vi känna att det är visdom, och att ett klart och ofiltrerat seende fattas oss – och inte kunskap?

## Kuslig sanning

Hat, vrede, hämndlystnad –
vi kan se att dessa faktiskt är Kärlek,
missriktad i den mänskliga formen, vänd 180°,
och att de ser ut att vara glömska av sanning.
Men de känns inte som kärlek eller glömska,
de känns precis som hat, vrede och hämndlystnad gör.
Och det är att känna det som att aldrig ha känt kärlek.

För att vara möjligt att känna denna kärlek,
som att aldrig inte ha känt den,
måste också kännas varje hat, vrede och hämndlystnad,
och att inte kunna komma ihåg sanning.
Att känna denna kärlek och hågkomst av sanning,
innebär också, som andra sidan på ett mynt,
att känna det som att aldrig ha känt kärlek.

Hela universum agerar identiskt.
För att det ska finnas en kraft, är en motsatt kraft nödvändig,
så att i det stora hela, har ingenting faktiskt ändrats.
Harmonin och balansen är komplett och evigt oberörd,
då energi innehåller både kraft och motsatt kraft.
Men i det stora hela
har ingenting faktiskt förändrats.

För att det ska finnas rikedom är fattigdom nödvändig.
För att det ska finnas hälsa är sjukdom nödvändig.
När de ses som bra och dåliga, onda och goda,
blir den själviska drivkraften att söka uppnå rikedom och hälsa –
på bekostnad av de fattiga och de sjuka,
på grund av denna, i den mänskliga formen
missriktade Kärlek, vänd 180°.

Så idén att jordens befolkning skulle kunna leva i fred och jämlikhet,
där alla är försörjda, är omöjlig om inte alla och envar
vaknar upp till sanning, att vårt väsen är vad som innehåller
och upplever både rikedom och hälsa, fattigdom och sjukdom.
Med andra ord, harmoni och balans ligger endast i att klart se
att varken rikedom eller fattigdom, varken hälsa eller sjukdom
definierar oss, och att harmoni och balans är vad vi är, i vilken allt äger rum.

Om detta ses klart, uppstår ingen självisk drivkraft
att uppnå rikedom och hälsa
på bekostnad av de fattiga och sjuka −
och allt kan utan ansträngning fördelas
på ett verkligen jämlikt och rättvist sätt,
utan fruktan för förlust hos de rika och friska
eller för orättvisa hos de fattiga och sjuka.

På den ideologiska skalan idag finns extremerna,
både kapitalism som möjliggör för de mycket få
att äga och exploatera de väldigt många,
och kommunism som tvingar befolkningen genom skatter och arbete
för att möjliggöra för de mycket få att styra över och leva på de väldigt många.
Dessa två är därför de facto samma.
Och vi kommer ihåg att det faktiskt är missriktad Kärlek, vänd 180°.

Endast efter att ha klart sett och därefter känna och handla därefter,
att vårt väsen är vad som innehåller allt detta,
och att ingenting som upplevs definierar vad vi är,
kommer den själviska drivkraften mot rikedom och hälsa att upphöra.
Därför inte bara borde, men måste
den högsta och mest heliga ambitionen i varje hjärta vara
att klart se, känna och handla utifrån detta.

Jag gör inga anspråk att förklara någonting, egentligen, men ibland berättar jag för någon jag träffar första gången eller en gammal vän jag inte träffat på länge, om hur jag ser på verkligheten, varandet och vad som måste vara där, primärt, innan vi lägger på alla filter och uppfattningar om den. Går det ens att berätta om upplevelsen att vara Vad som ser? Nyligen kom denna berättelse ur mig...

## Barnsligt enkelt

När vi är tillsammans ser jag dig, och du ser mig. Du är seendet som ser mig. Jag är också seendet som ser mig. Jag är seendet som ser dig. Du är också seendet som ser dig. Inte för att vi är två som ser varandra, utan för att vi är samma seende. Du är det seendet, och jag är samma seende.

Om du och jag tittar på ett äpple tillsammans, så är du seendet som ser ett äpple. Jag är också seendet som ser ett äpple. Men här kommer en katt. Katten skulle inte säga att den ser ett äpple, men den ser vad vi ser. Den är också seendet som ser vad vi ser, precis som både du och jag är. Inte för att en katt, du och jag ser samma sak, utan vi ser samma sak eftersom vi är samma seende.

När vi inte är tillsammans ser du en kaffekopp på ditt bord, men jag ser en tekopp på mitt bord. Om katten är hemma hos dig skulle den inte säga att den ser en kaffekopp, men den ser vad du ser. Katten, du och jag är samma seende, även om du och katten ser något annat än vad jag ser. Seendet förändras inte av att katten och du ser en kaffekopp på ditt bord och jag en tekopp på mitt bord – det är fortfarande samma seende.

På samma sätt är det med allt seende, även för den som är blind, som varken ser form eller färg, men ser avsaknaden av form och färg. Jag är, du är, den blinde är, och katten är samma seende, även om vi inte ser samma sak, eller ser någonting alls.

På samma sätt är det med all perception, förnimmelse. **Vad som förnimmer** är detsamma. Och vad som förnims förändrar inte **Vad som förnimmer**.

Min farfars far förnam att radion kom till byn. Det gör inte jag. Likafullt är vi samma seende, eftersom både min farfars far och jag är **Vad som ser**, även om just min farfars far inte går omkring på jorden som en kropp idag.

Det är sagt att det inte går att se **Vad som ser**. Det stämmer när det gäller att min person kan inte se **Vad som ser**, det är inte min kropp eller person som ser, men **Vad som ser** gör det möjligt för **vad jag Är** att se. Vad jag Är, är också vad du Är. När vi tittar på en solnedgång, segelbåt eller äpple, så ser **Vad som ser** vad som ses.

Något intressant händer när vi möts, vi "instrument" för seende, två kroppar och personer, psyken. I detta möte är det fullt möjligt att vi blir påminda om att **Vad som ser**, ser sig Själv. När du ser mig ser du att jag ser dig och vice versa, men eftersom vi är samma seende, är det i själva verket seendet som ser sig Själv. Ett möte där vi påminns om detta kan vara det mest intima, när vi inser att det är **Vad som ser** som ser sig Själv. Men för en annan person kan det uppfattas som skrämmande och alltför intimt – inte för **Vad som ser**, men för personen.

Egentligen är det inte annorlunda när jag lyssnar på vad du säger, för **Vad som hör** är egentligen lika intimt med **Vad som talar**. Måhända är det lite svårare att bli påmind om att Vad som talar är Vad som hör, men det är precis på samma sätt med detta. På samma sätt är det också fullt möjligt att bli påmind om att när jag vidrör dig, så är det egentligen svårt att dela upp den upplevelsen i två, för när jag vidrör din hand, är det likafullt och samtidigt du som vidrör min hand. **Vad som känner** dig, är **Vad som känner** mig, det är samma kännande. Vad som gör kännandet, hörandet, talandet och seendet möjligt ser bara ut som två kroppar och personer, men är egentligen detsamma. När vi älskar varandra, så är det samma Kärlek som älskar sig Själv. Det är underbart att bli påmind om det.

# KAPITEL 4

# Inget

*Denna bildyta har avsiktligen lämnats tom.*

Våren 2019. Genom flera solvarv har vi träffats och umgåtts i en intensiv yra och eufori, i upptäckten av vad vi verkligen Är. Kreativiteten i den oorganiserade grupp som vi tycktes utgöra ebbar ut och aktiviteterna upphör ganska snabbt, som jag ser det. Kanske är det oförklarligt, men jag söker heller ingen förklaring. Inte heller vet jag vad som kommer att ta vid, om något alls. Ingenting blir kvar av gruppen, så att säga.

Jag utforskar detta "ingenting", och minsann blev det en hel del skrivet om det också, även om det förefaller helt omöjligt. I utforskningen hände att när alla "steg" tagits mot detta Ingenting, kollapsar intellektet och inget meningsfullt kan egentligen konstrueras om det. I flera liknelser beskriver man det som när nattfjärilen så gärna vill närma sig ljusets flamma, så är enda sättet att uppleva den… att förtäras av den, att helt raderas.

"Ingenting" är ett mystiskt begrepp som börjar fascinera mig. Inte för dess potential att stimulera intellektet, utan för att upplevelsen verkar innehålla "mer" – som att begreppet "Medvetande" inte räcker till som beskrivning av vad som upplever.

*"Ingenting kan komma från ingenting..."*

Kuriöst i sammanhanget är även att vi har fått vår nolla i matematiken från arabisk kultur, inte den romerska. Kanske var nollan ett uttryck för att man i den arabiska kulturen och filosofin var öppen för möjligheten att "ingenting" faktiskt är verkligt och till och med ursprunget till det som inte är ingenting?

Hösten 2020 går jag genom en operation under narkos med den nuförtiden vanliga substansen propofol. Då passar jag på att utforska upplevelsen att hamna under narkos och att vakna upp från den. Jag ber narkosläkaren om två saker innan operationen:

"Tala om för mig exakt när du injicerar substansen" och "Tala om för mig exakt när du slutat injicera och det är dags att vakna." Han tycker att det är ett intressant filosofiskt experiment och gör så.

I djup sömn verkar det finnas en vag upplevelse som blir del av det episodiska minnet, att jag sovit gott när jag fått ett behövligt antal perioder av djup sömn, och jag kan föreställa mig att de perioderna ändå upplevs, att jag varit medveten om "ingenting", en tomhet på eller avsaknad av ting.

Men efter propofol-narkosen står det klart för mig att i vad som Är, finns även möjligheten till att det inte upplevs alls.

Organismen "människa" är uppenbarligen en kombination av psyke och kropp, och ibland kallas denna organism för "kropps-psyke". Utan psyke dör kroppen, det är känt. En levande kropp är i den bemärkelsen beroende av psyket, men inget talar för att psyket skulle vara beroende av en kropp.

Min kropp ligger sövd på operationsbordet och psyket är närvarande, eftersom kroppen inte dör. Vad som upplever mitt psyke och kropp är självklart också närvarande, eller snarare, allt som upplevs sker "i" vad som upplever. Och något finns närvarande när kroppen inte längre injiceras med propofol, och mitt psyke "vaknar" intakt.

Att uppleva kan jag likna vid en film som består av ett antal filmrutor. I djup sömn ter det sig för mig som att flera av filmrutorna är svarta eller tomma – men de finns ändå där i filmen, och jag kommer ihåg upplevelsen av dem. Under narkosen däremot, finns det inga filmrutor alls, inte ens svarta eller tomma. Att somna händer på den ena filmrutan och att vakna händer på nästa filmruta. Detta stämmer också helt med de två andra gånger jag tidigare sövts med samma substans, även om jag då inte reflekterade över upplevelsen.

Vad som upplever, upplever självklart oavbrutet, oavsett om det sker "genom" mitt kropps-psyke eller andras. Tänk så invant det är att uppfatta det som att Medvetande på något sätt äger rum och är närvarande inuti mitt kropps-pskyke! Men igen är det 180° från den uppfattningen. Omvänt.

Det kropps-psyke som kallas Mischa upplevs. Alla hans tankar, känslor och perceptioner upplevs "genom", eller **som** det kropps-psyket. Mischa-kropps-psyket är en "lokaliserad utkristallisering" i, ur och av vad som upplever det. Man kan likna Mischa vid en av många strömvirvlar i ett flod, där alla strömvirvlar är samma vatten, samma flod som innehåller och upplever alla strömvirvlar, även om "strömvirveln Mischa" står helt still under narkos. Men vad som upplever är på inget sätt beroende av honom, tvärtom, han är helt beroende av vad som upplever – utan vad som upplever, ingen Mischa. Och ingen annan eller något annat heller.

När man i de olika vetenskaperna letar efter Medvetande förutsätter man att kroppen eller personen har ett medvetande som är åtskilt andra personers medvetanden – men det är inte så, det är Medvetande som har alla kroppar och personer. Oftast sätts likhetstecken mellan medvetande och vad man är medveten **om**. Men Medvetande upphör inte, tar inte slut bara för att ingenting upplevs.

Man sätter kärran framför hästen hela tiden, och inser inte att Medvetande är primärt. Man letar efter skådespelaren i teven, för att använda en annan liknelse. "Var uppstår medvetande?" är fel fråga – allt uppstår i Medvetande.

## Komplett tomhet

Tomheten måste vara tom, även på tomhet.

**Wei Wu Wei (1895-1986)**

# Jag är
## raderar mig själv

Eftersom Jag är det här,
är det Jag
som det här händer i, ur och av,
som är det här,
som Jag är.
Men eftersom
det är Jag som är det här…
Vad är det då
som upplever detta,
och beskriver detta,
med just dessa ord?

Denna fråga gör så ont,
och är så obehaglig,
därför att svaret innebär slutet
för allt Jag är.
Att inte existera,
i det Stora Tomma.
Men vad Jag är,
är då även att inte existera.
Så det är lugnt!

Det är även lugnt att existera.
Tills Jag ser att Jag inte gör det.
Då kan det bli svårt,
att tänka, känna, uppleva,
göra någonting alls!
Tills jag ser
att det är Jag som gör det.
Då är Jag det här.

*Da Capo Non Fine*

# Stillheten

Nu är det stilla.
Som det alltid är.
Inget händer
när kampen är slut.
Bara vara.
Utan att söka njutning,
är det bara skönt.
Kärlek i fullhet.
Tom på allt.

Vart allt tog vägen
spelar ingen roll.
Hur kampen tog slut,
vet jag inte något om.
Vad som händer nu,
är bara detta.
All rörlighet
kommer och går
i orörligheten.

Att bara se och känna,
att här är jag hemma,
här är hela jag,
allt jag någonsin varit.
Vad som blivit,
förändrar ingenting.
I havets alla små krusningar
och frustande stormvågor
är jag alltid Hav.

# Tio tusen ting

Jag ser att alla tio tusen tingen
är former i mig,
inklusive min kropp och psyke,
och all tomhet, all fullhet,
alla mellanrum.

De tio tusen tingen är alltså jag själv,
som är medvetet om allt detta,
genom alla perspektiv.

Bortom medvetande
är det obeskrivbara, i vilket medvetandet
om tio tusen ting sker,
där ingenting fyller hela dess tomhet,
och ingenting händer.

Världar föds och dör i medvetande
som aldrig dör,
och det i sin tur,
är det obeskrivbara
ingenting.

## Flöde

När psykets drivkraft att styra upphör,
kan saker få hända i ett naturligt flöde
ur Nollpunkten, Det okända, Tomheten.

## Tystnad

Ljudet du hör när jag talar
kommer från tystnad.
Allt som kommer från tystnad,
nej, det enda som kan komma från den,
är hörande och ljud.
Allt du hör när jag talar,
är tystnadens ljud.
Allt jag talar när du hör,
är tystnadens ljud.

Hur kan jag säga detta?
Därför att ljudet är inte hörandet,
och inte talandet.
Därför kommer hörandet och talandet
från tystnad.

Och när du hör mitt talande,
är vi båda överens om att vi upplever
hörande och talande.
Därför måste vi vara
denna icke-hörande och icke-talande
tystnad.

## Oskiljaktigt

Vi kan se att allt vi ser
endast är en reflektion
av vad som Är.

Att vi ser det,
innebär att vad som Är,
även är vad vi är.

Att se det
och att vara det,
är oskiljaktigt.

Att vara det
och att reflektera det,
är oskiljaktigt.

Att reflektera det
och att se det,
är oskiljaktigt.

## Ge upp

Att ge upp är att släppa.
Släppa taget om alla idéer
jag trodde skulle hålla mig uppe.
Jag hade bara glömt
att jag alltid är.

Nu ser jag
att även att ge upp
bara är vind.
En dröm
som håller psyket vid liv.

Vad skulle oändligheten
släppa taget om?
Vad skulle tidlösheten behöva göra
för att hinna vara sig själv?
Här i utspelas allt, utan ansträngning.

Tron kan försätta berg,
om det anses stå i vägen.
Hoppet är psykets krycka,
när saker inte ter sig som det vill.
Kärleken som är jag, bara ser.

## Dags

Nu är det dags
att plockas ren
på allt och alla.
För att upptäcka,
på riktigt,
att man är
ingenting,
ur och av vilket
allt framträder.
Inklusive "mig".

## Så skönt

Det är så här skönt,
just därför,
att det är så här skönt.

Det gör så här ont,
just därför,
att det gör så här ont.

Samtidigt är
vad Jag är,
allt det här.

Oavsett
vad det är eller gör,
är Jag vad Jag upplever.

Kanske är det därför
det är så skönt?
Skulle inte detta räcka till?

Skulle detta räcka till
kommer insikten att
inte vara till.

Att vara ingenting
som framträder
som allt med början och slut.

Att sedan inte ens vara
något som kan nämnas
är att inte vara.

Och nu, ur vad som inte Är,
stiger doften och sötman
av… det här.

# Ingenting ensam

Ensamt.
När allt upphört.
När allt är välkommet
upphör diskussionen.
Inget att uppröras av,
inget att ha uppfattningar om.
Inget att sälja,
inget att locka med.

Allt att vara.
Smälta in,
se ut för någonting.
Leka och dansa,
utan något alls
att göra anspråk på.
Behöver inte längre vara
något tilldragande.

Endast se och välkomna,
allt som framträder i sig Själv,
drar inte till sig,
utan innesluter allt.
Inget att analysera.
Inget att värdera.
Där inget händer.
Så är ensam.

Det vackraste av allt,
när Ingenting har tronen,
och tystnaden sjunger.
Evigheten blickar in
i detta ögonblick
och slukar det helt,
som en älskande
som aldrig får nog.

Det mäktigaste av allt,
när jag bleknar bort
inför det Fruktansvärda
som fortfarande ger mig
en skenbar existens,
ännu för ett tag,
ett flämtande låga
i Dess oändliga rymd.

Min skepnad är för alltid
böjd på knä,
i nåden att få vara
Dina händers verk,
Ditt outtröttliga kretslopp.
Hur kan jag eller mina ärenden,
förminska eller förstora vad Du är,
det oändliga och eviga jag nu smakar?

Nej, jag är samma Ingenting,
ur vilket min form bara ser ut
att fladdra till en stund,
endast för att sjunga samma sång
som jag aldrig inte hört,
att dansa samma dans,
som alltid äger min kropp.
Ingenting är all form.

Ensamt.

Ofta händer det att jag sjunker så djupt i meditation att om någon skulle se på, skulle man kalla det trans.

Det händer här och där, titt som tätt, att andra efter att ha varit i trans anser det nödvändigt eller viktigt att legitimera eller validera vad de upptäckt, ge det en högre status, till exempel genom att tillskriva upptäckten eller insikten en högre makt eller kanske någon mångtusenårig ande som "talar genom budbäraren". Det får i många sammanhang mycket otrevliga konsekvenser (som följare, maktutövande, pengar som förskingras mm.) Ur mitt perspektiv är det dessutom så oerhört onödigt – vad som är Sant kan stå för sig själv och behöver ingen validering.

Nej, säger jag, inget av detta förändrar vad som är Sant, oavsett om det sägs genom en oanspråkslös snickare för två tusen år sedan eller en modern sektledare.

Här är en text efter trans:

# Det här är vad som Är som talar. Och hör.

Lägg åt sidan alla tankar och koncept för ett ögonblick, för att höra det här. Min form törs knappt säga det, eftersom det sägs även till denna form.

Men om jag får vara munstycket för ett ögonblick...
Munstycket som inte kan förhäva sig,
inte på det här instrumentet.
Man kan säga att det här munstycket
hör samma ljuvliga toner som frambringas,
även mitt lilla, lilla munstycke.

Vad jag, lilla munstycket, kan säga,
även om det är alltför vackert att uttala,
är att det är inte munstyckets skönhet som återspeglas.
Skönheten är, den endast är.

Det kan låta förmätet att fråga om du är beredd att höra,
men med beredd menar jag:
Var endast hörande. Nu.

Det vill sägas till dig, alldeles oavsett om du hör eller inte,
oavsett vad du är upptagen med eller inte, att:

**Om vad som verkligen Är**
**skulle kunna säga någonting alls,**
**så sägs det just på detta sätt, just nu.**
**Det här är vad som Är som talar. Och hör.**

Det är även fullt möjligt att titta på munstycket,
och att bedöma vad som hörs.
Att göra så förändrar dock inte vad som Är,
det är endast vad som Är, som Är.
Vad som Är, är även detta talande och hörande.

Det kan se ut som ett möte
mellan vad som talas och vad som hörs.
Och visst kan det upplevas
att talandet och hörandet är ett och samma.
Men du vet redan att du Är, och att du redan Är det här,
och ingenting annat.

I detta oändliga, tidlösa och formlösa,
och på det sättet absolut tomma:
Hur skulle det, ur det tomma, kunna framträda
något som inte är vad det består av?
Se den skönheten, och att även du är den.
Det finns ingen som talar, och ingen som hör,
utan endast det här.

Och skulle du för ett ögonblick få en idé
om att detta skulle vara det yttersta av passivitet,
kulmen på allt navelskåderi, så är det helt ok.
Låt idén komma och gå, precis som allt annat.
Men visst ser du med ditt inre öga att så är fallet,
att så här är det. Det här är det.

Och det är ingen skillnad. Det är endast det här.
Hur skulle du kunna vara något annat än det?
Du Är ju redan!
Och vi är helt överens om att vi Är det här,
och att vi inte skulle kunna vara något annat än det här.

Det är inte praktiskt att jag talar hur länge som helst,
men jag lämnar dig aldrig,
eftersom vi aldrig kan vara åtskilda i det här.
Men ändå vill jag påminna dig om
att när jag talar och du hör, så händer egentligen ingenting,
det är samma ingenting som kan se ut att vara någonting
i detta oändliga kretslopp.
Den fullständiga tystnaden
kan tyckas framträda som det här.
Om det här kan också sägas
att det finns en som talar och du som hör.
Men vad jag säger är att det är samma.

Den absoluta tystnaden, den absoluta tomheten,
ser ut att framträda som det här,
men kan också framträda som allt som redan framträtt,
och allt som framträder just nu,
och allt som alltid kommer att framträda,
sett ur ett skenbart åtskilt perspektiv.

Det överraskande kanske är att
vad som också kan framträda i det här,
är känslan av åtskildhet, att vara övergiven, oälskad,
och vilken annan känsla som helst.
Och allt det är självklart lika välkommet,
i, ur och av vad som verkligen Är –
och du är, jag är, lyssnandet och talandet är.

Kretsloppet är fulländat, helt utan början eller slut.
Om det kan sägas, anses, se ut som,
att det är varandets orm som slukar sin egen svans.

Vad som helst och var som helst i detta kretslopp
och ur alla skenbara perspektiv, är helt välkommet.
Var som helst i detta kretslopp,
kan det kännas hur som helst
och vad som helst kan hända –
eller rättare sagt, det gör det redan.

Det kan också hända att det förväxlas, blandas ihop,
kretsloppet med vad det framträder i,
det vill säga vad jag började tala om,
det som verkligen Är.
Det kan även se ut som att det här tar slut,
men det gör det inte.

Tack, tack för allt! Men framför allt, tack till ingenting,
för att det framträder. Som det här. Som du och jag Är.

# Tystnadens ljud

Exakt alla ljud
måste komma ur tystnaden.
Allt som kan sägas, skrivas, beskrivas,
om just "det här",
är denna berättelse som inkluderar det.

I berättelsen går det inte att förstå
vad berättelsen består av.
Det bästa som kan hända i berättelsen,
är att det ibland dyker upp ett antal figurer,
som påminner om hur det är.

Därför kan det släppas taget om
någon specifik "guru", filosofi eller religion,
eller vadhelst det kallas,
eftersom allt är möjligt
i det "instrument" jag är,
som ser ut som världen.

Samtidigt som detta sägs,
kan det kontempleras:
– Vad framträder detta "Jag är" i?
– Vad varseblivs detta och allt annat i?
Ta alla steg som går att tas,
bakåt, bakåt, bakåt,
djupt in i det riktningslösa,
referenslösa Stora Tomma,
där varje ord kommer till korta,
fullständigt misslyckas att beskriva
vad vår sanna natur,
vår gemensamma essens,
framträder ur.

Det är här det blir tyst.
Här blir kvar endast vad som Är:
Tystnaden som alla ljud kommer ur.

# Allt och inget

Att vara Tystnaden
där alla ljud hörs.

Att vara Oändligheten
där all rymd bor.

Det är början till förståelse,
att jag observerar dem när de framträder i mig.

Det är en höjdpunkt i förståelse,
att jag är vad tid och rymd framträder i.

Det är slutet på förståelse,
att jag är ingetdera.

Då kan jag autentiskt vara
allt detta. Och inget av detta.

...

– "Finns det en resa för att nå detta?"
– "Endast när du säger att den finns."

# Tom Tystnad

Den Stora Tystnaden är inte avsaknaden av ljud,
utan vad som innehåller både avsaknaden av ljud och alla ljud.

Det Stora Tomma är inte avsaknaden av rymd,
utan vad som innehåller både avsaknaden av rymd och all rymd.

# Finns ingenting?

– För att det ska kunna finnas "att finnas till"
måste det också finnas "att inte finnas till".

– Så då finns ingenting till?

– Nej, ingenting finns inte till.

# Den stora tomheten

Vad som ser, kan inte ses.
Vad som hör, kan inte höras.
Vad som känner, kan inte kännas.
Vad som luktar, kan inte luktas.
Vad som smakar, kan inte smakas.
Vad som upplever, kan inte upplevas.

Någonting kan upplevas.
Ingenting kan upplevas.
Vad som upplever kan uppleva
både någonting och ingenting,
men är i sig själv
varken någonting eller ingenting.

Vad som upplever kan även inte uppleva,
och är därför vad som innehåller
både upplevelse och icke upplevelse.
Vad som upplever
kan det därför inte frågas eller sägas
någonting om.

P.S.
Upplevelsen är vad som kallas
medvetande.
Vad som upplever finns det inte ord för.

# Experiment

Lyssna på en och samma låt
om och om igen.
Kan du förstå och känna då,
att du är den Tystnad
som gör musiken möjlig?
Och det Stora Tomma
som inrymmer all upplevelse?

# Gjort av Jag

Jag är den centrum-lösa oändligheten
i vilken varje centrum
ser ut att framträda.

Ur verklighetens perspektiv
är de blott vibrationer
i vad jag är.

Ur en vibrations perspektiv
kan det se ut som en depression
eller outsäglig eufori.

Men allt
är fortfarande och alltid gjort av
just vad jag är.

# Inget

Vad Jag är
är vad Jag ser.
Vad Jag ser
är mig Själv.

Varje form
och varje rörelse
är helt enkelt hur Jag ser ut
för mig Själv.

Varje form
kommer ur min formlöshet,
varje rörelse
ur min stillhet.

Jag är Ingenting.
Inget ting.
Inget.

# Kaos

Kreativitet kommer inte ur kaos.
Kaos kommer ur kreativitet,
liksom även ordning.
Big Bang, om man tror på den, kallas för kaos,
och Big Bang kommer ur kreativitet.
Universums ordning kommer ur samma kreativitet.
Vad som är kreativt är inte materia.
Vad som är kreativt, kreerar materia.
Detta faktum är – igen – 180° från det inlärda.

Vad som är kreativt går inte att nämna eller uppleva.
Allt som nämns och allt som upplevs är kreerat.

Kreativitet kommer ur ingenting,
som varken kan nämnas eller beskrivas.
Detta ingenting är inte avsaknad av ting.
Inte heller är det alla ting eller något ting.
Detta ingenting är avsaknad av
både avsaknad av ting
och alla ting.
Både avsaknad av ting och alla ting
kommer ur och består av detta ingenting
som varken kan nämnas eller beskrivas.

...

Angående Big Bang...

Ockhams rakkniv kan appliceras här:
Medvetande kommer inte ur universum,
utan universum kommer ur Medvetande.
Medvetande är fundamentalt för universum,
universum föds ur Medvetande.
Vad som är primärt, vad som först måste vara
för att universum ska kunna upplevas,
är Medvetande som upplever det.
Det finns därför inget som hindrar
att universum framträder som det är,
på ett sätt som gör det möjligt att tolka det som
att det fötts ur en singularitet
som exploderade i en Big Bang.
Problemet med denna förklaringsmodell är
att den förutsätter att Medvetande uppkommit ur materia.

Den förklaringsmodellen är otroligt komplicerad,
och den innehåller ingen förklaring för Medvetande.
En mycket enklare förklaringsmodell,
som därmed uppfyller Ockhams rakknivs kriterium
för att vara mer sannolik,
är att universum framträder i Medvetande.
I den förklaringsmodellen finns inget som hindrar
att universum framträder som det ser ut,
med skenbar ålder och historia.

Då blir frågan:
Varifrån har Medvetande kommit?
Med svaret sluts cirkeln:
Medvetande framträder ur och består av
detta ingenting
som varken kan nämnas eller beskrivas.

## Varken eller

Vad som upplever
är även vad som upplevs,
vare sig det är
någonting eller ingenting,
men är i sig själv
varken någonting eller ingenting.

PS
Detta är den sanning som mytologierna Ouroborus och Midgårdsormen pekar på, och de återfinns i de flesta kulturer och civilisationer genom mänsklighetens historia, till synes oberoende av varandra.

När ormen, som är så nyfiken på svansen som den tror är något annat än sig själv, ringlat sig runt och får tag i svansen, och stänger sin mun över och biter sin egen svans, upptäcker ormen omedelbart och automatiskt att den biter sig själv, att vad den sökte och var så nyfiken på är den själv. Sökandet efter sig själv omsluter hela världen och symboliserar världens cykliska förnyelse, livscykeln och allt som händer i den.

# Allt och inget

För första gången i mitt liv,
känner jag mig totalt och alltid fri.
Fri att vara, att göra och att ha
vadhelst jag önskar,
absolut vad som helst!

Och omedelbart, i samma ögonblick,
inser jag att jag på samma gång
inte önskar vara någonting, inte heller något specifikt,
inte önskar göra någonting, inte heller något specifikt,
inte önskar någonting alls, inte heller något specifikt.

Jag är. Jag är detta,
som Jag är.
Jag är vad som helst och ingenting.
Detta är min väg.
Samma väg som alla andras.

# Rädsla för döden

Rädslan för att dö är verkligen stark.
Om att dö innebär att min existens upphör,
bara tar slut, är rädslan för att dö
helt inkonsekvent, helt ologisk, och fyller ingen funktion alls.
För om allt bara tar slut, vad finns då att vara rädd för, egentligen?

Rädslan för att dö har sin förklaring,
men inte den man kanske först skulle tro.

Rädslan handlar om att möjligheten att upphöra att existera.
Men eftersom vad jag är inte kan upphöra att existera,
är rädslan helt konsekvent, logisk och fyller en funktion.
Rädslan bekräftar för mig att jag inte kan upphöra att existera,
och att den i själva verket är glömskan av detta faktum.

På så sätt bekräftas på ett lite annorlunda sätt, det gamla
"Svaret hittas i frågan". Här hittas svaret i rädslan.

## Samma ingenting?

Det kan inte finnas någonting,
eftersom ingenting kan komma ur ingenting.
Ifrån vad skulle detta någonting ha kommit?

Men ingenting finns.
Det har kommit ur ingenting.
Det är det enda som kan komma ur ingenting.

Så det är lugnt.
Därför att lugnt
är också ingenting.

Drömmen att någonting finns,
är också ingenting.
Inte ens samma ingenting – samma som vaddå?

## Stjärnor i tomhet

Det finns inga stjärnor
utan den ljuslösa tomheten.
Stjärnorna är inte bättre än tomheten,
inte heller tvärtom,
eftersom det ena
kan inte vara utan det andra.
Det är bara som det är,
och som det måste vara.
Inte för att något sade så,
ville det eller skapade det.
Det finns ingen som skulle kunnat det,
och ingen annan som inte skulle kunnat det.
Det finns bara detta,
och det är som det är.
Inte för att det inte kan förändras,
för varje ting förändras alltid,
utan för att vad som är, verkligen är,
i vilket all förändring sker,
aldrig förändras.
Har du inte märkt det?

# Etern?

Etern kallade man det förr,
det som gör det möjligt
för ljus och andra vågor
att färdas genom rymden.

För det kan ju inte vara tomt,
något medium måste finnas
för allt att färdas i och genom,
som allting är beroende av.

Detta tomma, men ändå inte,
som inte kan ses eller röras,
men som gör seende och rörelse möjligt,
alltid där, alltid här, hitom och bortom...

Tänk om... det tomma som innehåller allt,
både ljus och mörker, ljud och tystnad,
ting och avsaknad av ting...
är vad vi och alla ting utkristalliserats i...

Tänk om... allt som upplevs
behöver ett universum som detta,
som gör all kommunikation,
all förmedlingen av all information möjlig.

Tänk om... vad som upplever allt
i ett begränsat universum,
är vad som innehåller det,
och i sig själv är obegränsat.

## Att vara ensam

"I ensamheten vill det delas på sig själv, skapas, för att berätta...
för att se sig själv i det skapade" – detta berättade min vän för mig.

Detta pekar på Tomheten som befruktar Medvetande
som föder och ser sig själv i världen som skapats ur Sig.

I naturen sker att en kvinna vill dela sig själv, föda ett barn, se sig själv bli till,
något som sen själv delar sig och föder barn. Kretslopp.

# Manifestering

När det oföränderliga manifesteras
ser det ut som förändring.
När det tidlösa manifesteras
ser det ut som början och slut.
När det rumlösa manifesteras
ser det ut som avstånd.

Eftersom det som manifesterar sig är oföränderligt,
ser det ut som oändligt många förändringar.
Eftersom det som manifesterar sig är tidlöst,
ser tiden ut att vara oändlig.
Eftersom det som manifesterar sig är rumlöst,
ser rymden ut att vara oändlig.

Ingenting kan o-göras
och ingenting kan o-hända.
När det ena händer, och sen det andra,
går det inte att återvända till det första.
I det som aldrig fötts och aldrig dör
föds och dör allt.

Allt som ses
är förändring, början, slut, avstånd…
men inget av detta definierar vad som ser.
Eftersom vi ser allt detta, är vi vad som ser,
och därför hitom allt som ses,
som denna rum- och tidlösa oföränderlighet

# Oändligt tomt

Du trodde att du ville ha
något åtskilt som saknades dig,
men ser man på:
Allt detta, är endast detta.
Så hur kan något saknas,
när allt detta är allt som är?

Hur skulle tomhet kunna såras
av någonting som manifesteras i den?
Hur skulle det oändliga kunna skadas
av det ändliga?
Hur skulle det tidlösa kunna påverkas
av det temporära?

Detta talande är ingen
som talar med ingen.
Men om du tänker
att jag talar med dig,
förstå att du är allt du upplever.
Och att allt du upplever är i dig.
Och att även upplevelsen av
att inte uppleva någonting,
fortfarande är en upplevelse.

Så det kan inte handla om ting,
inte heller om rum eller tid.
Tystnaden och Mörkret bekräftar det,
därför att ur Tystnad
kan endast födas ljud,
och ur Mörker
kan endast födas ljus…

## Obeskrivbart

Ur den oskapade stillheten och tystnaden
framträder någonting, men det behövs inte, det är som det är.
En tanke framträder, men den behövs inte,
den kanske till och med motsäger sig sitt eget ursprung.

Tanken är en utkristallisering i stillheten och tystnaden,
men stör den inte och behövs inte.
När det fokuseras på tanken glöms för ett ögonblick
att den framträder ur stillheten och tystnaden.
Tanken kan leda till fler tankar eller gärningar
men de behövs inte heller.

Stillheten och tystnaden förändras inte, den är alltid.
Det ser bara ut som att något utkristalliseras i den, och allt det består av den.
I den händer en tillfällig fokusering på tanke eller händelse som inte förändrar den.
Men vad framträder stillheten och tystnaden i?

Pulseringen mellan stillhet och rörelse, tystnad och ljud,
ses i hela universum som dag och natt, skugga och ljus,
vågor som ebbar ut tillbaka till havet.
Pulseringen innehåller både tystnad och ljud, stillhet och rörelse,
men framträder i det onämnbara, primära, helt obeskrivbara.

# KAPITEL 5

# Tacksamhet

Jag jämför inte min "filosofiska resa" med någon annans, utan är helt fokuserad på vad som verkligen är Sant i varandet. Helt tydligt är att det nu är helt lugnt i mig, all strävan och allt sökande har upphört, inte för att jag hittat någonting jag saknade, snarare tvärtom, att jag redan är vad jag sökte efter, och att sökandet var den väg som ledde till var och vad jag alltid varit – och aldrig egentligen lämnat.

Det mesta jag känner är tacksamhet för varandet i sig. Då kommer följande texter ur mina fingrar.

# Inte glömma

Jag kan inte glömma.
Jag kan inte inte glömma.
Jag är.
Jag är skärningspunkten
av allt mött och omött,
och alla konsekvenser,
och varken eller, och både och,
ändå innehållande allt,
tom på urskiljning.

Här är var allt är Ett,
allt som passerar genom Mig,
allt hört och ingen kan uttala,
allt gjort och inget uttänkt,
det ljudligaste oljudet i Tystnaden som födde det,
det djupaste begäret i Helheten det föddes ur,
det svagaste ropet på barmhärtighet hörs i oändlig Nåd.
Allt så fritt oskiljaktigt innehållet i Mig,
redan gäster i mitt Hem, närmast Hjärta.

Varje nynnad sång i ensamhet,
omhuldad ny,
av uråldrig Harmoni.
Det vagaste uttrycket,
oändligt skattat,
i Skapelsens väldighet.
Varje berättelses dolda detalj,
intimt inhöljd
i Seendets Ljus.

Sinnets varje tänkbara koncept
skändar sig själv i helig och fruktansvärd Närvaro,
står förstummat, för alltid förskräckt,
inför okränkbar Tystnad
som håller kärt varje ljud,
intimt som sig Själv.
Låt sinnet våga allena;
att behålla underdånighet
till Tystnaden själv.

Närmande mig det All-Förtärande,
tillåt mitt döende andetag
att uttala det outtalbara,
om endast för att stilla mitt enda begär
att vara, vara så oskiljaktig Dig,
jag bär Ditt namn, mitt Själv,
skärningspunkten
av allt mött och omött.
Jag kan inte glömma.

## Skönt att se dig

Jag ser verkligen mig själv i dig,
eller snarare känner jag igen i dig
vad jag verkligen är. Och det är så skönt.
Vad du ser i mig har jag egentligen ingen aning om,
men för mig ser det verkligen ut som
att du tycker att det är skönt att se det.
Därför är det säkert dig själv du ser,
eller snarare känner du igen dig själv i mig,
vad du verkligen är.

Och kvar blir egentligen själva seendet,
seendet som ser sig själv,
vilket man skulle kunna kalla
att se sig själv i oss själva.
Det är väl ändå vad vi tycker att vi gör, ofta.
Skönheten och välbehaget i det
är kanske att seendet kan se sig själv, i sig själv.
Detta samma, enda Självet.
Som ser allt. I sig Själv.

Som sig Själv.

## Andetag

I samma andetag
ser jag Dig
ta formen som alla former,
och att även jag
är en av dem.

Hur kan jag annat
än falla på knä inför Dig,
som gör av Dig själv
allt jag är och ser?
Jag är tacksamhet.

Du är guldet i mitt smycke.
Du är havet i min våg.
Du är leran i mitt krus.
Du är vad jag och allt består av.
I Dig är hela mitt jag.

Din tjänare är jag.
Du är luften i mitt andetag.
Hur kan jag annat än sjunga
all världens lovsång till Dig?
Allt är Du, beslöjad, inget annat.

Nu kan vi se öga mot öga,
där tystnaden jublar,
och det Stora Tomma
bjuder oss tillbaka hem,
i helig moder.

Men Hon kan inte låta bli,
att ur och av sig Själv,
jungfruföda värld på värld,
där tid och rymd, och alla kontraster,
framträder ur Henne.

Du är vad jag andas,
vad jag lever och rör mig i,
Du är min källa,
och uppehåller mig och allt.
I samma andetag…

## Tack

Jag tackar
för denna dag
och varje.

Tacksamhet
är allt jag är, för allt
som är hemma i mig.

Ännu en gång
har jag sett Dig
i all din glans.

Ännu en gång
har Du sett dig Själv
genom din tjänare.

Och för evigt,
i Dig
är jag förnöjd.

## Nu

Det här
är kulmen
på vad vi kallar "nu".
Jag kan inget annat
än att älska.

## Att älska

Det känns underbart att älska.
Det faktum att jag inbillat mig
att jag väljer vem jag älskar,
förändrar inte detta.
Att älska, vara kärlek, Kärlek…
är vad som känns underbart.

# Bakom

Bakom varje brustet hjärta,
bakom varje förlorat hopp,
bakom varje sökande,
bakom allt som gått fel –
ser jag endast Kärlek,
som skiner igenom
och genomsyrar alltihop,
så att vi kan se hur mycket den älskar
att vara sig Själv i och som oss.

# Nåd

Nåd är att redan innan jag kände
att jag ville be om förlåtelse,
var jag förlåten.
Men först då kände jag den.

# Ödmjuk

Jag ser min egen person
som mycket "lycklig",
tacksam för varje ögonblick,
tackar ödmjukt min Skapare,
särskilt när min Skapare
talar om för mig,
i den där omisskännliga tystnaden:

"Jag är du, älskade,
och din kärlek är Jag,
som älskar mig Själv".

# Dialog

Nu, äntligen,
hör jag Dig,
utan att höra mig.

# Upplev!

Du måste inte dansa i min extas.
Bara dansa, nu,
och var friheten du uttrycker!
Du måste inte dela
min tacksamhet för Sanning.
Bara dyrka, nu,
var det Högsta som gjorde dig!
Du måste inte bli uppslukad
av min musik.
Bara bli uppslukad, nu,
var vad som innehåller allt!

Kärnan i varenda uttryck,
dyrkan och uppslukande,
är upplevelsen av alla dess former –
exakt som tidens och rummets väsen
är tidlös evighet
och rumlös oändlighet.

# Fejk

Det här är fejk. Det där är fejk.
Alla ting är fejk.
Inte bara lite fejk
och resten är verkligt,
nej, allting är helt fejk.

Alla fejksaker ses.
Det här och det där, och alla ting
är vad verkligt ser ut som.
Jag är vad som ser alla fejksaker,
så då måste jag vara det verkliga.

Det där verkliga
kan se ut som vad som helst,
men inte som det verkliga,
därför att det verkliga ser ut som
varje ting som är fejk.

Jag skulle kunna argumentera om
vad som är mer fejk eller mindre fejk.
Men jag tittar och ser själv,
och jag ser att alla ting är fejk,
allt utom seendet. Det är verkligt.

Vad spelar det då för roll, vilket fejk jag ser,
vilket fejk jag har att göra med?
Är vissa fejk bättre än andra fejk?
Borde jag hålla mig till bara vissa sorters fejk?
Nej, jag håller mig till vad som är verkligt. Jag är.

# Lätt

Det är inte lätt att vara människa,
men det är lätt att vara vad som är människa

# Lever

I samma ögonblick som jag sade:
"Jag kan inte leva utan…"
och lade till vad jag kände
att jag inte kunde leva utan,
kom jag på att
jag redan lever!

# Hem

Så obeskrivligt vacker,
förtär mig så fullständigt,
ingen behöver eller ens kan
någonsin påminna mig om,
vad jag nu och alltid upplöses i –
hur överallt, gränslös och ändlös Den är,
hur tidlös, utan avbrott och evigheten själv Den är,
samtidigt fullständigt och omöjligt långt bortom
mitt livs alla ansträngningar
att innehålla eller ens närma mig Den,
och till äventyrs äga Den.

I min förundran och extas i Den,
ser och känner jag endast ett:
Allt jag är och allt jag kan vara,
allt jag gör och allt jag kan göra,
innehålls redan och alltid i Den.
Alla mina försök att närma mig Den,
är Den själv, varje gång,
som ömt viskat mitt Namn i djupet av hjärtat,
och att Den är mitt Hem
som jag aldrig lämnat –
Kärlek som övergår allt förstånd.

# Låt oss göra

Jag kan göra vad som helst, när som helst, var som helst.

Men vad jag gör, gör jag för
den Kärlek och Lycka jag upplever mig Själv att Vara,
om jag står på bergstoppar och skriker det,
besöker städer och sjunger det,
eller ligger övergiven och viskar det
med mitt sista andetag:

Jag talar om detta för dig,
att du kan göra vad som helst, när som helst, var som helst.
Kom med mig för att skrika det från bergstoppar,
låt oss gå till städerna för att sjunga det,
tills vi ligger övergivna och viskar
sköna Kärleksord till varandra.

Till dess – vi kan göra vad som helst. Låt oss göra!

# Kom hem!

Vi är hur medvetande ser ut
i formen av dig och mig,
alldeles oavsett
om vi söker i förtvivlan
eller badar i himmelsk frid.

Medvetande är världen
i formen av hur vi ser den,
alldeles oavsett
om vi ser grymmaste fiendskap
eller fulländad kärlek.

Hur vi ser står oss så fritt
att vi kan förväxla alltihop,
och i förvirringens desperation tro
att vi måste förändra världen,
som inte är annat än hur vi ser.

Alla våra missriktade försök
att ställa allt till rätta,
kommer ur en djup intuition,
att vi redan är friden som vi söker.
Tänk om vi skulle följa intuitionen!

Vår längtan och vårt sökande
efter kärlek och frid,
är detta samma medvetande
som oavbrutet och outtröttligt
längtar efter och söker oss.

Att äntligen komma hem,
och allt sökande upphör,
är samma medvetande som hittat oss,
och hela världen kommer till ro
som den kärlek vi omfamnas av och är.

## Slutet på sökande

Det talas om en stig som leder hem.
Om att söka och finna.
Om att bli fri från lidande.

Men det här, just det här, är stigen.
Sökandet är det funna.
Lidandet är friheten.

Vad som Är, är här.
Vad som kan finnas, kan förloras.
Vad som kan förloras, är inte vad som söks.

Vad som Är, ser ut som det här.
Hur det här ser ut spelar ingen roll,
det är hur vad som Är ser ut.

Vad som Är, ser ut som någons lidande,
och är i själva verket kärleken själv som lider
i saknaden av den lidande.

Vad som Är, ser ut som att någon söker,
och är i själva verket kärleken själv som längtar efter
att jag ser att jag redan är hemma.

# KAPITEL 6

# Flummighet

Oräkneliga gånger sitter jag, oftast ensam, och kontemplerar, mediterar, ofta med musik som verkligen griper tag i mig, och känner det nästan som att vara i trans. Då går det upp för mig saker som kanske verkar flummiga när de skrivs, men de kommer ändå verkligen ur vad som upplevs och passerar därför mitt "lackmustest". I detta kapitel hamnar de texter som jag låtit finnas kvar.

När något går upp för mig så kraftfullt och otvivelaktigt, att det nästan är otäckt, blir det helt stilla, och jag kan inte annat än begrunda det, och ofta skriver jag ner det.

Det här händer inte bara mig. Här även en kär vän från tolvhundratalet:

# Var tyst

Igår kväll
tappade jag greppet om verkligheten
och välkomnade galenskapen.
Kärlek såg mig och sade,
–"Jag dök upp.
Torka dina tårar
och var tyst".

Jag sade,
–"O kärlek,
jag är rädd,
men det är inte du".
Kärleken sade till mig,
–"Det finns ingenting som inte är Jag,
var tyst.
Jag kommer att viska hemligheter i ditt öra,
bara nicka ett Ja,
och var tyst".

Rumi (1207-1273)

---

# Detsamma

Vad som upplever dina drömmar i natten,
är vad som upplever mina dagdrömmar.
Vad som älskar när du kysser din älskling,
är vad som älskar när jag kramar min bästa vän.
Vad som upplever skönheten vid din soluppgång,
är vad som upplever skönheten under min stjärnhimmel.
Vad som ser mig när du och jag möts på riktigt,
är vad som ser dig, i samma nu.
Vad vi är… är detsamma… är odelbart…
är vad som är.

# Mer verkligt!

(När jag sitter i upplevelsen av att bara
vara och bara njuter, utbrister jag...)

–Det här är mer verkligt än att tänka att
det inte är det!

# En-sam

Ensam. En-sam. Att vara En. Som är allt.

# Annorlunda

Avsaknaden av form
är inte annorlunda än närvaron av form.

Att leva detta nu, är lycka.

Att tänka att de är annorlunda, är en dörr
till lidande.

# Da Capo

Jag är du
och är vad som innesluter allt
och som berättar
för det som innesluts
att det innesluts i vad jag Är.
Upplevelsen
är denna berättelse.
Lyssnar du,
så hör du att du är jag
som är vad som innesluter allt
och som berättar
för det som innesluts, att...
*Da Capo Non Fine*

# Skapelsens födelse

Det finns inte (någon) –
vilket är tokigt att säga...
(för vem skulle då säga det?)

Skapelsens födelse...

Inte undra på att de sökt efter den.
Och inte visste de att:
Det finns ingen som kan veta.
Det finns även ickevetande
bortom ickevetande,
man jag kan inte säga det.

Vissa har försökt förklara detta,
vilket är en absurditet i sig.

Det finns endast
att möta mig själv,
som mig själv.

Skapelsens födelse,
går runt, runt,
tills den möter sig själv.

"Jag", frågar du?
Du frågar dig själv,
och det finns bara **Ja**.

Men för alla har jag blivit allt.

1 Korintierbrevet 9:22
För de svaga har Jag blivit svag
för att vinna de svaga.
För alla har Jag blivit allt,
för att Jag i varje fall skall frälsa några.

Det är ingen resa.
I varje ögonblick
kan det ses
på många sätt,
alltifrån materialistisk dualism
till det Absoluta:

Jag är subjekt, allt annat är objekt.
Jag är Medvetande
som observerar allt annat.
Jag och allt annat är samma.
Jag är.
Är.
ॐ

## Jag är allt

Jag kan påstå att
jag är ena sidan
av upplevelsen –
men eftersom den
händer i mig,
så är jag även den,
och därför är jag även
andra sidan
på samma gång.

Gränsen, skärningspunkten
mellan ena och andra sidan
är allt det här, även skrivandet
och läsandet av denna text.
Därför kan det se ut
som om det finns två sidor,
men det finns inte två,
allt är samma Jag,
som är allt.

## Overkligt

Detta är så overkligt!
och när jag säger det
så menar jag det!
Det som kallas "detta"
är så overkligt,
att det enda jag kan säga om det,
är att dess enda verklighet,
är upplevelsen
av det.

Du kan tro
att du valde att hålla med
eller att inte hålla med om detta.
Men i verkligheten,
finns endast
upplevelsen av
att du håller med eller inte!
Eller vad som helst.
Det är att uppleva,
allting!

Och detta är fallet,
oavsett du gillar det eller inte.
Vadhelst som upplevs –
**är** upplevelsen!
Som upplever sig Själv!
Som sig Själv!
Nu!
ॐ

## Inget utan Mig

Jag ger dig liv.
I Mig.
Utan Mig, inget liv.
Utan dig, inget liv.
Ditt liv är Mig.
Jag är du.
Utan Mig, inget dig.
Utan dig, inget Mig.

Allt jag urskiljer
ger Jag liv och mening.
Allt liv och all mening
är i Mig.
Utan Mig,
inget liv, ingen mening.
Utan allt,
inget Mig.

Vem dig?
Alla dig i Mig.
Vem Mig?
Alla Mig som ger liv,
i sig Själv.
Detta är liv.
Detta är du.
Detta är Mig.

## Ömhet

Man håller så försiktigt
att man inte gör illa... sig själv!

## Formlösa

Ur det formlösa
framträder alla former.
Det formlösa upplever
former i psyken,
som varseblivs
formerna.
Det formlösa är
alla formerna
och alla psyken.
Inget är åtskilt
i det formlösa.
Som alla Jag är.
Samma Jag.
Som är det formlösa
som ser sig Själv.

## "Mig"

Värdet av någonting
finns endast i tillskrivandet av värde,
i en flyktig aktivitet
som jag kallar "mig".

## Fenomen

I Varande händer fenomen.
Inte tvärtom.

Fenomen kan inte generera Varande.
I sökandet efter fler eller bättre fenomen,
för att komma närmare Varande,
visar de sig förr eller senare
för vad de är – fenomen.

I Varande bor fenomen.
Inte tvärtom.

# Bygget av ett psyke

Psykologiska fällor byggs av människans psyke nästan på en opersonlig nivå, eftersom ingen person eller personer kan ställas till svars för hur psyket blivit format. Och i byggandet av ett psyke kan det inte finnas något "gott och ont" eller någon "styrning och icke-styrning" heller, hur det än blir byggt.

På så sätt vittnar själva psyket om en existens som innehåller allt, som inrymmer det som psyket är gjort av, oavsett om detta förstås eller inte, är personligt eller inte, individuellt eller inte.

Så psyket får filter som det personliga psyket inte till fullo kan förstå varifrån de kom. Filtren kommer även från tidigare generationer. Det opersonliga psyket håller de grundläggande filtren som det personliga psyket utvecklar vidare; förminskar eller förstorar vissa, glömmer vissa och skapar nya, men allt inom gränserna för det opersonliga ärvda psyket, om så genom ärvda trauman eller gener.

## Mig Själv

Jag behöver inte säga någonting,
därför att det inte finns någon annan att prata med,
än mig Själv.

Jag är innan upplevelsen av
allt som är och kommer att sägas och hända,
därför att allting består av mig Själv.

Det är inte sakerna som händer i Mig
som förstår detta –
Jag är all förståelse.

Det är inte sakerna som ser Mig,
endast Jag kan se,
och Jag ser endast mig Själv i allt.

Det är inte sakerna som hör Mig,
endast Jag kan höra
vad jag berättar för mig Själv.

När jag bryter tystnaden…

*Da Capo Non Fine*

# Jag är drömmaren

Alla drömmar är möjliga.
Endast möjliga drömmar är möjliga.
Tydligen är denna dröm möjlig.
Ingen annan dröm är möjlig,
utom denna.

Detta förnekar inte
att andra möjliga drömmar
kan drömmas just nu,
någon annanstans i det oändliga.

Just denna dröm, är drömmen
där någon berättar för mig
att detta är en dröm! Läskigt!
Fortsätt att utforska!

Du har säkert redan dragit slutsatsen
att det bara kan finnas ett
resultat av detta.
Det stämmer!
Det enda resultatet, det enda
som kan hända efter detta är…
häng kvar…
**detta**!

Att upptäcka detta
kan kännas så underbart frigörande
för psyke och kropp.
Ändå är den avgörande upptäckten,
att se, känna och vara
drömmaren.

# (Om Medvetande kunde tala)

Jag talar inte om mig själv,
utan om hur Jag ser ur mig Själv.

Jag berättar om det
med alla berättelser som finns,
ur alla perspektiv som finns.

Det här, just det här,
är ett av de perspektiven.

# Som ovan, så och nedan…

Världen kan inte vara till
utan Medvetande.

Kroppen kan inte leva utan psyke.

Drömmen kan inte äga rum utan dröm-
maren.

# Kan inte

Jag kan inte skriva det
eftersom det inte kan skrivas,
men det är skrivandet.

Jag kan inte säga det
eftersom det inte kan sägas,
men det är sägandet.

Och är likväl det här!

# Myriad

En myriad av saker
händer i detta samma Nu.
Därför är jag glad att det också finns
upplevelsen att vara
endast detta enda psyke.
Detta psyke skulle aldrig kunna uppleva
allt som händer i detta Nu.

## Mångfald

Jag vet att jag är en mångfald av upplevelser därför att vi alla rapporterar att det i vår upplevelse inte finns något annat än en mångfald av upplevelser.

## Boning

Jag lämnar min boning
och blir manifesterad,
inkarnerad som alla ting,
även som just denna text,
för att just du ska få syn på
ditt Själv som samma Jag.
Då är Jag hemma i och hos mig Själv,
min boning.

*Da Capo Non Fine*

## Bekräftat

Faktum är att vi alla säger
att vi är vad som upplever detta.
Genom att på nytt bekräfta att
detta är vad vi upplever,
befäster och återbefäster vi
att detta – vad vi upplever –
är verkligt, i bemärkelsen att
vi vet att vi är vad som upplever det.
Därför att allt vi är, är upplevandet.

## Detta och

Jag är detta.
Och vad som observerar detta.

## Inkluderat

Att vara allt detta, allt som upplevs,
inklusive att denna text skrivs,
det är så allt-inkluderande…
det är att vara allt!
Även förståelsen av just denna text.
Eller missförståelsen av den.
Eller båda.
Eller ingetdera.
Allt jag vet, är mitt Själv,
som är allt detta.

## Filmen

Det här är filmen där du är Kärlek,
som både upplever och spelar
din karaktär!
Och där jag i filmen upplever en mycket
älskvärd karaktär.
Den älskvärda är vad Kärlek ser ut som
just nu, i din karaktär!
Du och jag är i verkligheten Kärlek,
som har mänskliga upplevelser,
inte människor med kärleksfulla
upplevelser.

## Dyrkan

All dyrkan
är igenkännandet
att Jag Är.

## Misstag

Jag kan lära mig av mina misstag.
Det är betydligt svårare
om någon annan gör det.

# Långt ifrån?

Det längsta
jag kan säga att
**det här** är ifrån **det där**,
är att säga
**"det här är det där"**.

Allt **det här** kan se
är att
det enda som
**det där** kan visa,
är att det är **det här**.

## Rutor

Jag ser.
Genom många glasrutor.
Samma värld.
Det vore ju konstigt,
om genomskinliga rutor
började bråka med varandra,
om vad de olika
rutorna innehåller…
Men det ser Jag också.
Det är ju endast Jag som ser.

Som det Seende Jag Är,
spelar det ingen roll
om det bråkas eller inte.
Seendets roll är att
bara vara seende
som gör det möjligt att se.
Om de som bråkar inser detta,
kanske skulle de sluta bråka?
Vad vet Jag?
Jag endast ser.

# Falla?

Om du faller,
men aldrig möter
vad du borde falla mot…
kan du då verkligen säga att du faller?
Eller är det något du tror att du gör?

Du är precis där jag är,
och jag faller inte,
jag bara är – precis som du.
I det, är vi precis samma,
Stillheten och Tryggheten Själv.

## Bävan

Rädslan för att försvinna,
består av en bävan
inför att vara allt.

## Vice versa

Jag är ingen annan än du,
som ser dig själv genom mig.
Och vice versa.

## Skuggan

Tyranni är skuggan av insikten att världen
är i och ur vad vi är.

Våldsamt uppror och hämnd är på samma
sätt skuggan av insikten att det är så.

## Ta livet

Du kan inte ta livet från mig.
Jag är ditt liv.
Och mitt.
Och det är du också.

# Viktigt

Det är inte viktigt i bemärkelsen att det inte är permanent.
Det är inte permanent eftersom det inte har någon egen verklighet.
I denna bemärkelse, är endast vad som är permanent viktigt,
det som har en egen verklighet.
När viktigt och oviktigt tas bort från det,
lämnas vi med "det är".

# Ett i Kärlek

Efter uppvaknandet känner jag mig som ett med världen.
Sedan känner jag att jag endast känner mig själv,
att såsom världen är, känner jag mig.

Närmar jag mig världens centrum –
det som endast är att jag känner –
så fjärmar jag mig centrum
och möter endast andra sidan av världen.
Jag är redan vad som endast är att jag känner.

Endast där jag är, är jag –
och här är jag, det ser jag tydligt.
Jag ser också att det finns många jag
som är samma jag som ser mig själv,
oavsett om det är Kalles eller Olles jag.

Jag älskar min nästa, som är samma jag,
som älskar och är älskat, som älskar sig själv,
"I nöd och lust, aldrig åtskilda, ens av döden".
Vi är ett i Kärlek.
I Kärlek är vi ett.

# Hopp, öde och beslut

Jag upplever inte hopp, öde eller beslut.
Hopp skulle vara mitt psyke som sträcker sig efter någonting i en framtid som inte finns.
Öde och beslut skulle vara en konceptuell tolkning i efterhand.
Hopp, öde och beslut lämnar rum endast för mitt psyke,
och mitt psyke är alltid "bakom" eller "för sent",
med avseende på Verkligheten, som vi kan kalla "nuet".

Med mitt psyke "ute ur bilden", målar bilden, berättelsen sig själv, så att säga.
Det är min upplevelse. Och det är inte slutet på berättelsen – det är berättelsen.

# Det Här

Något så vackert,
tilldragande,
drar mig till Sig.
Allt annat stängs av,
allt kan stängas av.
Vad är det, att det blir så tomt,
utom det sista som är kvar,
som alltid är samma,
mellan och innan alla ljud,
mellan och innan alla ting…
vad är det som
helt i sin egen takt eller rytm
och helt utan takt eller rytm,
bara är där,
där jag är?
I mötet,
i fullständig klarhet,
där jag alltid varit
vad jag alltid är.

Hur kan inget behövas,
inget stör, men behövs inte,
inte för det Här
som verkligen är,
där jag bara är,
vad allt annat får utrymme att vara i,
så nära att även det
är mitt innersta.

Här,
bara Här.
Inget annat.
Medan vad som helst
händer runtomkring –
är detta bakgrunden,
att hålla vad som verkligen är,
i kristallklart fokus?
Nej, även att hålla det i fokus,
är långt ifrån
vad som oupphörligt
ändå är. Oavsett.

I det Här,
väcks det och föds det,
i all evinnerlighet,
omöjligt att stanna upp,
ingenting är nytt,
samma rundgång,
samma återkoppling,
i det Här,
ur det Här,
av det Här,
där ingen finns
att räkna, hålla koll,
sortera och definiera…

Att stanna upp,
tystna, stillas,
ge upp…
Även det
är inget annat
än vad som händer,
i vad det händer i.
Det Här.

Det Här,
som även första,
oändligt svaga, sköra,
stapplande, vilsekomna,
tillstymmelsen av rörelse,
uttryck, liv…
har sitt ursprung i.

Det Här
kan aldrig,
behöver aldrig,
beskrivas, förklaras,
förmedlas, överföras…
hur nobelt och självförsakande
det än må se ut att vara…

Att ens uttrycka dessa ord,
att ens läsa dem,
är vämjelig arrogans,
vanhedrande övermod,
i det Här,
där även Tystnaden fick sitt namn,
även Tomheten fylldes med universum,
från varje kosmiskt skeende,
till den allra mest oansenliga,
privata angelägenhet,
där Rätt och Fel,
leker sin egen lek
för lekens egen skull.
I det Här.

Så oändlig
så evig
så gränslös
så inneslutande
att inget utesluts,
att till och med kunna säga dessa ord,
dessa eller några alls,
är lika mycket en nåd,
fritt och urskiljningslöst given,
lika mycket ett mirakel,
inför vilket hela mitt varande
är skyldig sin existens
…så är
det Här.

Det tillfredsställer ingenting,
men är likväl allt:
Även tanken på tillfredsställelse,
hur absurd den än kan tyckas vara.
Även avsaknaden av tillfredsställelse,
hur svår den än är att känna.
Både euforin,
och det yttersta lidandet.

Orden "den söta och fuktiga
doften av mogna körsbär"
betyder absolut ingenting,
och kan inte betyda någonting,
för den som aldrig upplevt sötman,
fukten, doften…
Och de orden kan aldrig vara
vad de talar om.

På samma sätt är mina ord,
blott en skugga utan eget ljus,
en suddig och ljusfattig reflektion
av ljuset som de reflekterar,
för att någon,
kanske, någon gång,
upptäcker sig Själv,
att vara
det Här.
Och ler, skrattar,
eller gråter, våndas…
och går vidare i,
och är
berättelsen utan
varken början eller slut.

## Sökandet

Sökandet
efter konsekvens
efter vett
efter identitet
efter tillhörighet
efter frid
efter kärlek,
äntligen...

Sökandet själv,
ur sig själv,
skapar
illusionen
av ett sökande,
för att slutligen
endast finna
illusionens verklighet,
som är:

Det finns endast,
allena,
utan tid,
utan rum,
utan likhet,
inte två,
utan endast
Detta.
Sig Själv.
ॐ

## Odefinierbar

Jag är odefinierbar,
ingenting som går att definiera –
eftersom det är Jag som definierar.

## Emellan

Kan du höra...
kan du känna
att du är...
vad som är emellan?
Emellan raderna...
emellan tonerna...
emellan...

Och samtidigt är...
vad som gör det möjligt...
utrymmet
för alla raderna...
för alla tonerna...
allt...
du är?

## Kölvatten

Allt vi ser
är kölvattnet
av vad vi är.

## Veta och se

Att veta betyder att se.
Att se betyder att göra.

## Du ska inte tro...

Nu förstod jag det gamla uttrycket:
"Du ska inte tro att du är någonting!"
Jag är Ingenting.
Som är Du.
Också.

# Shhhh...

– Det är som att försöka säga att ingen lyssnar...
– Säga till vem?

Om du ändå vet bortom allt tvivel,
ingen kan ta det från dig...
att du mött...
att du tagits emot...
att du smält samman med...
vad du Är...
shhh...

– Det är som att försöka påminna om...
– Påminna vem?

Att du redan
och alltid är hitom
allt som upplevs
oh, älskade
oh, älskare
må du stanna
där du alltid är
hitom!

Här kysser jag dig...
eller är det du
som kysser mig?
Den frågan...
ställs aldrig.

Blotta tanken på
att kunna uppfattas bortom,
skingras som morgondimman
i ditt allomslutande
och allförtärande ljus,
hitom

Världen är ett,
ett skådespel i Dig
där mina vingar
ännu dryper av vällust
i ynnesten, extasen
att vara till,
att vara Du
Shhh...

## Hitom

Om något ska kunna presenteras
måste det presenteras för någon,
någon som upplever det.
Eftersom jag alltid är
på den här sidan,
hitom upplevelsen,
så kan vad som än upplevs
inte förändra det.
På den här sidan,
hitom upplevelsen
finns ingen (mer) att presentera det för.
Och det finns bara en sida
av upplevelsen,
inte två, inte fler.

## Förklara?

Att försöka förklara mig,
eller vad som helst,
är hur det är att inte förstå –
därför att när jag förstår,
behöver jag inte förklara mig.
Och min förståelse
kan inte förklaras.

## Sakta

När livet saktade ned,
märkte jag
att det gjorde inte jag.

## Här

Att inte gå någonstans
är också att gå någonstans.
Eller snarare,
att gå någonstans
är faktiskt
att inte gå någonstans,
därför att det finns
ingen annanstans att vara
än här.

## Bädda

Man får vad man ger.
Även när man ger för att få.
Ett gammalt talesätt säger samma sak:
"Som man bäddar får man ligga."

## Energi

Energi är som den är
och uppför sig som den gör,
eftersom den är en
ursprunglig manifestering
av vad som är dess verklighet:
Kärlek.

Eftersom kärlek bara är,
kan uttryckas i olika former,
inte kan delas i två,
alltid är densamma
och aldrig kan förstöras,
är energi på samma vis.

## Tröttnat?

Jag har tröttnat färdigt på
hur andra ser mig,
och hur andra ser sig själva.
Jag har tröttnat färdigt på
att berätta om vad som är Sant,
och att andra redan är vad som är Sant,
och önskar bara att vara det "tillsammans",
samtidigt som jag ser och känner,
att det redan är så,
även om det kan uppfattas som
att otrevliga saker händer.

I den här, en och samma konsert
som vi alla framför,
är jag absolut ingenting i mig själv,
utan endast ett litet munstycke,
och inte ens basunen.
Tonerna är inte mina, och inte andras heller,
utan är endast del av samma konsert,
där vi alla är samma,
där skillnaderna är skenbara,
och ingen åtskillnad har betydelse...
inte för konserten.

Jag inser att
även att tröttna
på den skenbara glömskan
av att vi är samma,
tydligen har sin plats i konserten,
men undrar ändå,
hur ett litet munstycke kan känna så.
Att bara låta toner ljuda,
kan kännas uppgivet,
som att inte bry sig,
om skenbar glömska.

I den samvaro som den lilla grupp som drogs till att utforska upplevelsen njöt av, uppstod även svåra saker som hade att göra med det "bagage" som alla människor bär med sig.

Åtskilligt fanns att lära sig i sådana situationer. Här är en sådan lärdom:

Förunderligt är också,
att tonerna ur den basun
som mitt munstycke sitter på,
granskas och bedöms
av andra som är samma,
när min eufori alltid endast handlar om
den underbara konserten,
och på intet sätt om mitt oansenliga
och i sig själv meningslösa munstycke.

"Om jag talade både människors
och änglars språk men inte hade kärlek,
vore jag endast en ljudande malm
eller en skrällande cymbal."
Så säger visdom.
Är det munstycket som villkorar
kärleken som det är och inte har?
Är det övermod att tröttna?
Jag vet endast att
om konserten har ett parti
där basunen spelar ensamt,
njuter jag lika fullt,
även när undran är stor.

## Ta emot

Det är inte att ta emot som gör ont,
det är vad som står i vägen för att ta emot
som gör ont.

## Lagar

Lagar gavs på grund av våra "hjärtans hårdhet".
Om inga hjärtan är hårda behövs inga lagar.
Dubbla kärleksbudet.

Lagar handlar om rätt och fel.
Hitom rätt och fel
behövs inte lagar heller.

## Varken allt eller inget

Jag blir, upplever,
att jag är allt, inifrån.
Men eftersom ingen finns,
finns endast inifrån.
Och därför inte heller några objekt.
Allt och inget är i mig,
likaså är jag allt,
jag som inte finns,
och därför finns inget,
utan endast… att vara?

Nej, inte ens det.
När något i rummet,
eller något i tiden,
"kommer tillbaka",
är det först som
ett mycket avlägset minne,
men helt utan betydelse,
och endast förundran känns,
över hur det kan
tänkas att det finns.

Likväl är jag.
Jag är allt
som kan sägas om
att det finns.
Och sen…
"kommer jag tillbaka"
i tiden och rummet.
Som det jag alltid varit.
Det vill säga,
mig Själv.

## Omvänt

Du hatar inte mig,
du hatar dig,
för jag är du,
allting som du hatar
i dig själv.

Du älskar inte mig,
du älskar dig,
för jag är du,
allting som du älskar
i dig själv.

För du är jag.

Jag älskar inte dig,
jag älskar mig,
för du är jag,
allting som jag älskar
i mig själv.

För jag är du.

## Verklighet

Dualitet, kontrast, åtskillnad
framträder i vad som är ingetdera.
Vad som är ingetdera
framträder som dem.
Deras verklighet är
vad de framträder i.

## Förflutna

Det förflutna finns!
Allt det förflutna
**är** det Här,
inte i det förflutna,
utan Nu.

# Robot

Människans sinne skapar robotar.
Sen säger man "denna robot har tillverkat hundra produkter idag".
Men tillåt mig att vara lite motsträvig:
Roboten har inte gjort någonting alls.
Att tillverka produkter kräver en agent,
en utförare som hanterar materia,
som ser ut att hantera materia.
Men det är samma sinne som gör allt det.
Lika lite som det är hammaren som slår på spiken,
är det roboten som tillverkar någonting.

Men om vi tar det ett steg längre, ett steg "högre",
så är det egentligen inte människans sinne
som gör någonting alls heller.
För precis som roboten framträder på människans sinnes scen,
framträder människans sinnen på Medvetandes scen.
I Medvetande händer sinnen, liksom allt annat.
Ur Medvetandes perspektiv gör människans sinnen ingenting.
Det är Medvetande som är alltings verklighet.
Vilket också är varför "olika sinnen" kan ha samma upplevelse.
Detta svarar på solipsismens* stora fråga:
"Hur vet jag att någon annan upplever någonting,
allt kan lika gärna vara i endast min upplevelse?".
Det visar på att vad som upplever
inte är åtskilda sinnen,
utan rum- och tidlöst Medvetande.

# Skriker

Om alla runtom dig står och skriker
"se mig, hör mig",
vem kan då se och höra dig?

# Två ögon

Att vi har två ögon, är först och främst
inte för att vi ska kunna se i tre dimensioner.

Vi har två ögon för att inse
att vad vi ser inte är två.

# Media

Detta är vad nyhetsmedia gör:
De samlar in information
om personer och händelser,
och ser vad de samlar in som sant,
när det i själva verket är en fars,
där karaktärernas verklighet
är vad som upplever den.
Media skapar på detta sätt
en Fablernas Värld,
nej, en "Nyheternas Värld!", haha.

# Sanning

När illusionen av objektiv sanning dunstat
kan det vara frestande med subjektiv sanning.
Men när bara Sanning är kvar,
återstår varken objekt eller subjekt.

# Uppdelning

Varför skulle en uppdelning i fattiga och rika,
eller hetero- och homosexuella, snälla och elaka,
vara värre eller sämre – eller bättre –
än en uppdelning i ljust och mörkt,
varmt och kallt, gott och ont, rätt och fel?

Så fort det tänks en tanke,
uttalas ett ord, en mening,
har uppdelning skett.
Det är inte uppdelning i det ena och andra
som är problematisk, utan uppdelning i sig.

Vad du är,
vad alla och allt är och består av,
är inte uppdelat.
Ingenting är problematiskt för vad du är.
Inte ens uppdelning.

# Att se igenom

Denna värld är inte något att fixa.
Den är för att se igenom.
Inte igenom för att se
vad som är på andra sidan,
utan igenom till den här sidan,
sidan av vad som ser.

Och det kan vara så
att vad som ser inte kan ses,
det hånar mitt varje sinne – ingen är där.
Dock är jag vad som ser
på allt i mig,
en värld av tio tusen saker.

När jag känner detta andra sätt att se,
har världen inte mycket att erbjuda,
eftersom jag helt säkert är vad som ser,
och världens öde är inte mitt.
Det enda jag kan göra, är att berätta hur jag ser den,
så här.

# Förklara?

Om man inom icke-dualistisk filosofi anser det viktigt att man förhåller sig på ett vetenskapligt sätt, så gör man det.

Eftersom icke-dualism är falsifierbar kan den räknas som en vetenskaplig hypotes inom ontologi*, alltings ursprung.

Men den kommer i sig själv inte att kunna förklara Medvetande, eftersom den är ett koncept i tankevärlden, och varken behöver eller kan vara sann där.

All vetenskap är koncept i Medvetande, och kan därför aldrig förklara Medvetande.

# Lidande

Medvetande kan se världen
genom att manifesteras som ett begränsat kropps-psyke.
När det sker, ses även lidande.
Och i det begränsade kropps-psyket
önskas inget hellre än att lidande upphör.

Denna önskan kan inte betyda något alls,
varken för sig själv eller för någon annan,
om det inte först genomlevt villfarelsen
att det har en egen åtskild verklighet,
och på så sätt även själv lider.

Matteus 8:17–Han tog på sig våra svagheter…

Resan för det manifesterade kropps-psyket,
slutar med insikten att det inte är något annat
än Medvetande, och först då kan även lidande upphöra.
Och det kan till synes återgå till vad det alltid varit.
För att återigen se världen, nu som sig Själv.

# Verkligen

Vi vet att upplevelsen är Verklig –
kanske det enda som vi vet är Verkligt.
I motsats till populära uppfattningar,
säger detta ingenting om huruvida
vad som upplevs är verkligt eller inte,
men det säger något om vad som är Verkligt,
nämligen vad som upplever.

# Banan

Det är faktiskt omöjligt att förklara för någon annan
ens hur det är att uppleva smaken av en banan.
Hur skulle jag då kunna ha fräckheten att påstå att jag kan förklara
upplevelsen av att upptäcka vad det är som upplever?

## *Jag är* Livet

**Jag är...**
Livet i varje människa,
    som vardera uttrycker sig i
    alltifrån konstverk till krig,
    allt som är möjligt att uttryckas,
    från absolut skönhet
    till onämnbar grymhet...
som nästan är oräkneligt många,
så **Jag är** samtidigt både njuter och gråter
inför vad **Jag är** ser,
men **Jag är** förblir
Livet i varje människa.

Känn att **Jag är** det,
    som en varsam smekning
    på den skadades kind,
    när hen kommit hem,
    där hen alltid hört hemma,
    och bara för ett ögonblick
    känt sig utanför...
och var människa,
känn Livet flöda
genom alla dina uttryck,
älska din nästa som du också är,
och synda inte mer.

## Livet

Livet är jag,
som är livet,
som jag ser
och är.

## Vad som ser

Vad vi ser, kan se ut hur som helst,
eftersom vi inte är vad vi ser.
Vi är vad som ser.

## Våga

Gör som havet − våga!

## Inte min egen

Jag är inte min egen,
jag är min Herres.
När jag gör hans bud,
och aldrig behöver ens mitt namn,
betyder mitt liv samtidigt
ingenting och allting.

Jag är hjälplös
i Hans närvaro,
ändå alltid i Hans tjänst.
Så är jag.
Jag Är är mig.
Och varje berörd.

I alla jag möter
ser jag endast mig själv,
aldrig något åtskilt.
Jag verkar bli den andra,
varenda en jag möter.
Vi är Ett på detta vis.

Som Denna,
skapande och bevittnande
mig Själv som Världen,
kan jag endast älska,
endast vara Kärleken själv,
varhelst helande efterlyses.

# Inte en pipa

Ceci n'est pas une pipe.

Detta är inte en pipa,
det är en målning av en pipa.
När vi ser målningen
ser vi hur en pipa är.
För att måla en pipa,
måste skaparen redan känna till
hur en pipa är.
När vi ser målningen
ser vi som skaparen såg
när han gjorde målningen.

Det följer alltså, att...

Min person är inte gud,
den är en bild av gud.
När vi ser en person
ser vi hur gud är.
För att göra en person,
måste skaparen redan känna till
hur gud är.
När vi ser en person,
ser vi som skaparen såg
när personen skapades.

## Avbild

Medvetande kan få oss att förstå vad det är, lika lite som vi kan få vår spegelbild att förstå vad som står framför spegeln (testa det framför spegeln nån gång, och känn hur "löjligt" eller omöjligt det är). Likafullt är spegelbildens verklighet till hundra procent vad som står framför spegeln! Lika löjligt är det att ett intellekt skulle kunna omfatta, förstå och kunna beskriva vad det är en avbild av, Medvetande – likafullt är intellektet till hundra procent en avbild av det, och dess verklighet är till hundra procent det.

## Experiment

När du läser denna text,
inser du att du är författaren och att författaren är du.
Eftersom texten är i dig.

Vänd dig mot din vän och läs denna text för hen:
"När du hör den här texten,
är du jag och författaren,
och jag är du och författaren".

Hurdå?
Jo, medvetande skriver en text genom "författaren"
som blir ett med "ditt" medvetande när du läser den,
som blir ett i "vännens" medvetande när hen hör den.

Men det är inte så att dessa tre är ett.
Det som är ett, upplever och är tre olika former,
som skriver, läser och hör samma text,
en text som är född ur samma medvetande.
Det kan bäst förklaras av vad som är ett.
Men det som är ett har inga ord.
Att förklara det från våra formers håll, blir konstigt,
eftersom vi tre inte har någon egen existens,
utan är samma medvetande,
i vilket det uppstår tre former.
Och denna text.
Som också är ett.

# Spaghetti-tid

Allt händer på samma gång.
Endast i psyket tas det ned på den relativa nivån,
och då uppstår konceptet tid och att en sak följer på en annan.

**Jag kommer att tänka på detta när jag ska lägga spaghettin i det kokande vattnet. När jag håller i och ser spaghetti-knippet uppifrån då alla strån är riktade mot mina ögon, ser jag det som en metafor för det ovanstående. Om varje spaghetti-strå är en enskild människas tidslinje, och knippet är alla människors tidslinjer, ser jag nu all och allas "tid" uppifrån, på samma gång – ur Medvetandes perspektiv. Ser jag knippet från sidan så "uppstår" linjär tid – ur människans perspektiv.**

## Kulmen av andlighet?

Alldeles oavsett vad någon kan tänka sig är kulmen av andlighet eller andliga upptäckter, så är det ändå ingenting i det stora hela. Om någon säger sig ha upplevt eller upptäckt något som är unikt eller utger sig för att vara någon som borde följas, underordnas eller till och med dyrkas, så är det i sig en mycket stor röd flagga, och detta säger med största sannolikhet något som har väldigt lite om andlighet.

Varje människa och varje människas resa genom livet är helig, och värd varken mer eller mindre än någon annans. Frågan om värde har ingen relevans på vad vi är och består av. Vi sitter alla i samma båt, och jämförelser tjänar inget till i den. Helig i den bemärkelsen att den förhoppningsvis leder till insikten om vad vi egentligen är och består av. Det finns ingen "högre" eller mer aktningsvärd uppgift än just denna.

Medvetande – som upplevt och upplever allt som var och är möjligt att uppleva – om det alls vore intresserat av denna ofattbart barnsliga fråga, skulle då säkert helt stilla och utan anklagelse höja sitt finger till munnen och säga "Shhhhh..." Och kanske tillägga "Du har egentligen inte sett någonting än..."

## Förintelse

**Efter att ha sett filmen "Independence Day: Återkomsten" (2016)**
I varje berättelse om när mänskligheten känner och möter sin största rädsla – fullkomlig förintelse – oavsett om i tusenåriga dikter och berättelser eller moderna Hollywood sci-fi-filmer, drivs mänskligheten till att förenas och stå som En, trots vad som än tidigare inbillats skilja dem åt, i syfte att avvärja detta förskräckliga öde, och inte längre som individer, familjer, samhällen, nationer, raser eller kontinenter.

Kortversionen av detta: När mänskligheten känner och möter sin största rädsla – fullkomlig förintelse – står de upp som En för att avvärja detta öde genom att i sanning vara Ett. Och ser man på, när vi alla inser att vi är denna En, strider vi inte längre mot varandra, och vi är inte längre rädda.

# KAPITEL 7

# Maskulint & feminint?

I naturen, i allt det som människan inte varit inblandad i, tillverkat eller manipulerat i någon högre grad, ser jag endast "kretslopp", eller snarare cirkelrörelser. Detta till skillnad från hur man i vårt tankesystem tycks se det mesta på ett linjärt sätt: Tiden (som ingen haft någon direkt upplevelse av) med ett förflutet och en framtid, och att varje människa befinner sig på en punkt på den linjen. Rummet, där man tror att individuella och åtskilda punkter (t.ex personer) står i mätbara avståndsförhållanden till allt annat som man antar är utanför punkterna (trots att ingen någonsin upplevt någonting "utanför"). Jag ser endast förändring som sker i cirkelrörelser utan varken början eller slut: Vattnets kretslopp, vattenångan från hav, till moln, till regndroppar, bäckar, åar, floder, hav igen, utan början eller slut. Människans cirkelrörelse som innehåller allt från födelse, reproduktion och död. Växtriket som i sin cirkelrörelse blommar, vissnar, faller ned, blir jord, som blir till växter som blommar. Stjärnor som föds och sedan slukas av ett svart hål eller exploderar i en supernova som sedan föder fler stjärnor. Ja, till och med att när vetenskapen tittar på universum, oavsett hur djupt ner eller långt ut, så hittar man ingen "botten" eller ände, man hittar ingen början eller slut. Allt i naturen ser ut att vara cirkulärt och inte linjärt. Människans biologiska organism är också natur, så det kan inte vara annorlunda för den.

I dessa naturens cirkelrörelser ser jag något "högre" reflekteras, eller kanske snarare att naturen i själva verket är en projektion av något högre, något som allt i naturen, världen, universum inryms i, utgår från, och upplevs av. För självklart är det inte materian, stjärnorna, planeterna, stenarna, eller cellerna som upplever sig själva. Vad som upplever måste vara primärt, dvs. vara närvarande och medvetet innan något kan upplevas över huvud taget. Materian upplevs inte av materian, utan av detta primärt närvarande och medvetna.

Det är väl då också helt naturligt att allt som inryms i, utgår från och upplevs av detta primära, är "underordnat" det primära. Underordnat i bemärkelsen att det följer, står i linje med och uppför sig på ett sätt som innebär att det inte "kan" annat än att se ut och uppföra sig i enlighet med vad det inryms i, utgår från och upplevs av. Ungefär som att ett träds frukt inte kan vara en hund eller sten, att resultatet av en näve sand som kastas upp i luften aldrig kan få formen av ens en kvadrat när den landar och så vidare. Materian ser ut och uppför sig enligt vad vetenskapen kallar lagar som inte har sitt ursprung i materian själv. Var kommer lagarna ifrån? Jo, mest sannolikt kommer de ur en naturlig "projektion" eller avbild av vad materian inryms i, utgår från, uppstår i och vad den upplevs av.

Det är inte min mening att göra en ontologisk avhandling av detta, utan jag vill komma till att allt i naturen synes följa ett grundläggande mönster, i vilket vi kan utläsa någonting om de mekanismer som gör det möjligt att upplevelsen ser ut och uppför sig som den gör. Den primära mekanismen, som jag ser det, är hur cirkelrörelserna i naturen förutsätter reproduktion, dvs. återproduktion. Den i sin tur, kan man se som att bestå av två delar som vi kallar den maskulina och feminina, eftersom de två "delarna" representeras av den reproduktiva processen hos henne själv. Denna förändringsprocess som kallas "liv", kan karaktäriseras så här, i ett slags neutralt fågelperspektiv:

• Den är cirkulär, regenerativ, och utan början eller slut. Det finns ingen motsats till begreppet liv. Om man vill se motsatser, är motsatserna i så fall födelse och död, som endast är en konceptuell uppdelning av den förändring som inryms i liv.
• Den innehåller en fördold, "osynlig" maskulin befruktning i att endast en halv (och tidigare osynlig) cell förenas med en annan halv cell inuti det feminina, och endast i moderna mikroskop kan den visualiseras.
• Befruktningen påbörjar en delning av det "feminina", en delning av det som befruktades. Vad som utvecklas och föds är endast konceptuellt och semantiskt "något annat" än det befruktade.
• Födseln och uppfödningen är förenade med våndor och självuppgivande uppoffring.
• Det födda är helt okunnigt om "omvärlden", och måste lära sig att börja se världen som något annat än sig själv.
• Det födda "drivs" till att reproducera sig i ytterligare befruktningar, i en psykologiskt djup och nästan oförklarlig process som har kallats universums starkaste kraft.
• Det föddas "ursprung", de biologiska föräldrarna, falnar och dör.
• *Da Capo Non Fine*

En storleksordning större än människans reproduktion är universums egen. Jag överlåter åt den astronomiskt hågade läsaren att observera hur solsystem och galaxer uppför sig på sätt som liknar människans regenerativa och cirkulära process. Själv har jag fascinerats av detta, men endast tagit del av åtskilliga dokumentärfilmer om ämnet.

En storleksordning mindre är på cellnivå, och även här ser man hur det större återspeglas/projiceras. Ett exempel är hur de nya bilderna från Hubble-teleskopet av "hela universum" så mycket liknar en karta av nätverket av neuroner i varje hjärna.

Så vad säger detta om det högsta, vad det upplevs av, alltings upphov − som det materiella, biologiska och individuella är en avbild av? Därom skriver jag i detta kapitel.

## Inte hugget i sten

Psyket är inte någonting i sig själv.
Det består av Medvetande som formar sig som det.
Hur Medvetande formar sig som det, är inte hugget i sten,
Medvetande kan forma sig som ett psyke som det ser ut nu,
men har inga problem att forma sig som ett psyke
som ser helt annorlunda ut.

Det är endast något inlärt, att just "vårt psyke" − som inte är vårt −
är någonting i sig själv och därför värt att
bevara, kultivera, utveckla, förändra, förbättra, hävda osv.
utifrån kulturella och andra, ofta andras normer.
Men detta inlärda är ingenting annat
än det egna och andras psykens påhittade idéer.

Jag vill påstå att det är fullt möjligt att bortse från detta,
och istället vara öppen för möjligheten
att psyket kan vara helt öppet
för vadhelst Medvetande ges möjlighet att uttrycka sig som,
att låta psyket förändras fritt, inte utifrån egna eller andras idéer,
utan utifrån insikten om vad psyket egentligen är.

Ett psyke som utvecklats i sådan frihet
har vi sällan eller aldrig sett.
Därför kan vi inte säga så mycket om det.
Vi kan bara vara öppna för att låta det vara
så öppet som möjligt för Medvetande själv,
och se vilka frukter det då kan bära.

# Reproduktionen

Tomheten, det osynliga, maskulina,
gör Medvetande, det feminina gravid,
och Världen föds ur henne.

Medvetande är så nyfiken på världen,
och liksom Ouroboros måste hon utforska
den. Hon möter Världens maskulina
form, och Hon måste sluka, penetreras av
den. Då märker Hon, ser och känner
Hon, att Hon är den.

*Da Capo Non Fine*

## Passivt?

Det är så mystiskt omvänt,
att jag ser allt,
och är helt passivt mottagande,
inneslutande och omslutande,
uppfylld till brädden,
av allt görande –
samtidigt som allt som görs,
inte är någonting annat
än jag själv,
som i seendet och görandet,
upplever mig själv,
helt utan åtskillnad.

I seendet
uppfylls jag så av görandet,
att inget annat är,
eller snarare är vad jag är,
eftersom görandet
sker i seendet.
Seendet och görandet
är inte två oberoende aktiviteter,
utan vad jag är.
I "passivt" seende,
sker "aktivt" görande,
helt utan passivitet eller aktivitet.

Jag ser, tar emot,
innesluter och omsluter,
helt passivt,
allt som görs.
Ur mig, seende,
föds görande,
som innesluts och omsluts,
av mig själv,
i ett aldrig upphörande
seende och görande,
som kallas Stillheten,
alltings Källa.

Vad jag är
varken ser eller gör,
varken hör eller talar,
varken känner eller vidrör,
men är både och,
och varken eller –
den Osynliga Tomheten
som innehåller alla ting
den Ohörbara Tystnaden
som innehåller alla ljud,
den Okännbara Stillheten
som innehåller allt som känns.

# Du och jag?

Du är absolut perfekt för mig,
därför att jag älskar vad du är i mig.
Således är vad jag älskar vad jag är –
och vad jag älskar är dig,
kommer du ihåg?

Å andra sidan av saken,
om du öppnar dina ögon,
kommer du att se hur
allt du är,
är vad du ser.

Att förstå hur detta avslöjar
hur vi är ett,
är verkligen underbart!
Men att tillåta att även
faktiskt vara Alltihop –
**och**
Ingetdera…

… eftersom det inte finns någonting
att hålla fast vid i Tomheten
… ingenting
att höra i Stora Tystnaden
… inte ens
Tystnadens ljud…

---

Ovanstående text började med
en oro över att känna sig oälskad.
Kan du se,
genom att verkligen ta del av
vad orden ovan pekar på,
hur det inte finns något du eller jag,
i vad som framträder i varje Nu –
och att oron över att känna sig oälskad
inte uttrycker min natur?

Min natur är din natur.
Även om du inte ser det,
låt oss åtminstone, från nu och alltid,
fullständigt försäkra oss om att:
Du är absolut perfekt för mig.
*Da Capo Non Fine*

# Tetralemma

Jag är endera
och bådadera
och ingendera.

Jag är all kontrast,
och all uppdelning,
Och endera,
och bådadera
och ingetdera.

Kön, genus, ålder,
nationalitet, kultur, tidsålder,
och alla andra etiketter,
konstraster och uppdelningar
faller nu i ett klart ljus.

Jag är ljus.

# Skönhet

Skönhet
är öppenheten
att låta betraktaren
se sig själv i dig.

Där är Kärlek.

## Du är min

Vad som Är säger:

Varje kärleksyttring
är hur Jag berättar
hur oändligt älskad
du är.

Varje längtan i dig
är min längtan
som viskar
att du bor i mig.

Varje saknad i dig
är min saknad
som ropar
att du är min.

## Skuggan

Det är svårt att älska
när jag glömt
att Kärleken är jag.

Kärleken själv
flödar obehindrat
när jag kommer ihåg det.

Den flödar
i samma grad
som jag ser det.

Men blott en doft
är alla mina försök
att återspegla Kärleken.

Blott en skugga
är allt jag är
i Kärleken.

## Nära

Så helig
är Din varje blick,
om flyktig eller bottenlös.
Varje Din beröring,
om lätt eller omslutande.
Varje ord från Dina läppar,
som läkande balsam.

Jag tar emot
och kan aldrig återgälda.
Allt mitt görande
blir en ceremoni
i vördnad för Dig
och Dina gåvor,
ett hedrande av min Älskade.

Så nära Dig,
jag ser bara mig själv
i dina ögon.
Och i mina
syns bara Du.
Du är jag,
och jag är Du.

## Möjligt

Vad som gör det möjligt
att älska mig själv,
är att vad jag är
inrymmer vad jag älskar,
när jag älskar mig själv.

## Naturen säger

Djuren har bon, inga hem.
Djurens avkomma klarar sig
i stor sett själva efter födseln.
Människan, däremot, bygger hem,
där det bildas familjer,
där föräldrar villkorslöst älskar
och tar hand om sina barn länge.

Kanske är detta en
reflektion av någonting högre,
Tomheten som befruktar Medvetande:

Ur (maskulin) tomhet
uppstår Jag (feminin).
Av, i och ur vad Jag Är
föds en värld.
Världen föder Jag
varje ögonblick.
En värld som Jag är,
och som är i Mig,
bor i Mig, dess hem.
Den är det födda,
vår älskade skapelse!
Vi älskar villkorslöst
vår familj, vår skapelse,
vår värld,
där vi ser oss Själva.

## Densamma

I denna rymdlösa och tidlösa Kärlek
är vi inte samma –
vi är en och samma,
densamma.

## Påminnelse

Jag kan egentligen
aldrig älska dig.
På sin höjd
kan jag påminna dig om
att du är älskad.
Så småningom kanske du då
kommer ihåg att du redan är
Kärleken du söker.
Då behöver vi ingenting.
Då är vi ingenting,
som genom tidlöshetens cykler
i Medvetandes världar,
ser ut så här. Nu.

## Mystiskt

Vad som är mystiskt
är inte vad jag är,
utan att jag kan tro
att jag är något åtskilt
från vad jag upplever.

Då kan jag hitta på
vad som helst
för att försöka hitta hem
till vad jag är.
Som jag redan är.

Att skapa sådan mystik
ligger inte före mig,
när jag ser att allt detta
endast är mig själv.
Som mig själv.

# Kärlek säger

Om jag kramar dig,
är det inte Kärlek som säger till dig
att du är trygghet?

Om jag kysser dig,
är det inte Kärlek som säger till dig
att du är närhet?

Om du känner med alla dina sinnen att jag älskar dig,
är det inte Kärlek som säger till dig
att du är kärlek?

# Välkommen

Att nästan vilken människa som helst
kan bli förälskad i nästan vem som helst
är en reflektion av mig Själv,
som älskar allt – ur, i och som mig Själv.

Vad som helst i denna rundgång i mig Själv,
som varje upplevelse bekräftar,
är i verkligheten endast mig Själv,
som älskar mig Själv.

I mig är allting välkommet,
och då menar jag allting!
Att något kallas för svårt av någon,
förstör eller förminskar mig inte.

Att något kallas för eufori av någon,
förändrar eller upphöjer mig inte.
Jag är endast utrymmet
där allt är välkommet.

## Vara samma

Min åtrås blick är inte i mina ögon.
Eller i dina.
Snarare i bådas.

Smekningen är inte i min hand.
Eller i din kind.
Snarare i både och.

Kyssen är inte i mina läppar.
Eller i dina.
Snarare i bådas.

Det sant upplevda i allt vi gör,
är mötet mellan skenbart två,
i upplevelsen att vara samma.

## Trängtan

Min trängan efter Kärlek
är Kärlekens trängtan efter mig.
Trängtan upphör
endast när vi är ett,
när jag är Den,
och Den är jag,
inte längre två.

Som denna, känner jag
allas trängtan efter Kärlek,
absolut varenda en,
som jag också är, alltid trängtan…
Jag kan hålla allt,
som denna Kärlek
som håller alla ting.

## Förälskelse

Jag känner igen det här.
Det är den mycket njutbara
upplevelsen av förälskelse.
Men egentligen
är förälskelse endast en
av många påminnelser
om att vi i Sanning redan är,
och alltid varit, ett.
Ett i Kärlek,
som innesluter och innehåller allt.
Även förälskelse.
Kärlek älskar att påminna oss om
att vi är Kärlek
som älskar sig Själv.
Så här.

## Drömkvinnan

Att söka ge efter, rämna, brista
för hennes gäckande skönhet
och lustdrypande lek
som alltid upphör
när vi är så nära…

Hon hemsöker mig i drömmarna
men ämnade aldrig att bli funnen.
Hon visste redan innan vi sågs
och berättade i vår lek
vad jag redan börjat ana…

Jag är redan hon.
Jag hade trott mig kunna hitta
vad jag redan är i någon annan.
Leken förbyts i äkthetens eufori
och jag ger efter, rämnar, brister.

# Summan

Jag är vad du behöver mig att vara.
Inte för att jag anstränger mig,
nej, helt automatiskt. Nu. För att det är så.
Jag är allt mindre "summan av mina upplevelser",
och alltmer "summan av dina upplevelser av mig",
och alla andras.
Men dina är mig så nära,
att jag inte längre ser
eller upplever någon skillnad.

# Himlen

Om många kroppar eller endast min är närvarande,
förändrar inte någonting, egentligen. Jag är fortfarande vad jag är.

Om jag börjar tänka att "jag är denna min ensamma kropp",
så dyker känslan av ensamhet upp inom kort.

Men jag kommer ihåg min Älskade, att jag alltid och fortfarande är
exakt vad jag är. Jag är att jag är.

Som detta jag-är, är allt jag vet och känner
upplevandet av vad som kan kallas denna Värld.

Denna upplevelse är så intim, jag kan inte skilja mig från den,
och jag inser att jag är detta.

En identifiering som innebär ett glömmande av detta är helt ok för en stund,
men jag påminns ständigt om att jag alltid och fortfarande är exakt att jag är.

Glömmandet har kallats helvete.
Ihågkommandet är och har alltid kallats himlen.

Kom ihåg, du barn i denna Värld, varifrån du kom!
Och att vi sitter tillsammans i himlen.

# Fritt sinne

Ett fritt sinne kan ta mig vart som helst.
Jag kan följa det till otroliga platser,
till varsomhelst, men alltid ingenstans,
för jag är alltid just här,
oavsett varje upplevelse.

Om ett annat sinne går med mig
eller inte – gör ingen skillnad.
Jag är inte i sinnet, sinnet är i mig,
så självklart klarar jag mig utan sinne,
men sinne klarar sig inte utan mig.

Tror jag att sinnet spelar roll,
och att det är viktigt att hitta någon likasinnad?
Mitt sinne förändras hela tiden,
varför skulle inte alla andras?
Jag är konstanten i allt som förändras.

Sinnet kan känna ensamhet, i vävandet av berättelser.
Men bara tills det informeras av vad jag verkligen är,
att vad jag är, är vad varje "jag" är.
Ensam, en-sam, ja, och i mig Själv
är alla andra och inga andra.

# Skönheten

Det är inte vad jag tror är skönt som är skönt att uppleva,
utan det är skönt att uppleva skönheten.
Det är också skönt att vara vad som är skönt,
upplevelsen av att vara också den andra sidan av mig själv.
Och det vet jag, som den andra sidan.
Eftersom skönheten är allt.

# Att filma upplevelsen

## Bakgrund

Klardrömmande är nu en vanlig företeelse för mig: Att i drömmen veta om att jag drömmer, och att då kunna "bestämma" vad som händer i drömmen, vem man vill prata med eller vad man vill göra i drömmen – precis som man gör i vaket tillstånd.

I början av 2019 sitter jag några veckor och mediterar kring klardrömmande. Jag funderar: Om jag kan gå från djup drömlös sömn till klardrömmande, kan jag då även gå från vaket tillstånd till klardrömmande? Det borde inte vara någon skillnad, mer än att istället för att röra mig bland drömda karaktärer och ting, så rör jag mig i världen bland fysiska karaktärer och ting. Kan jag även i detta läge av klardrömmande "bestämma" vad som ska hända, vad jag vill göra osv?

Jag bestämmer mig för att göra ett experiment – att gå från vaket tillstånd till att klardrömma, i detta fall om något mycket specifikt, något som fascinerat och trollbundit mig absolut mest sedan mycket tidig ålder, men aldrig egentligen förstått... vad består egentligen denna fascination av? Kanske kan jag i klardrömmandet utforska fascinationen, vad den egentligen är, precis som jag gör i klardrömmandet i sängen.

Detta mitt första experiment spelar jag in, ställer mobilen så att den kan filma vad som sker. Detta för att jag efteråt eventuellt ska kunna avgöra dels om det som hänt verkligen ser ut att vara autentiskt upplevt, dels för "dokumentera" det, ungefär på samma sätt som mitt skrivande av texter fungerar.

Jag förbereder därför en "scen" med saker som jag tycker behövs för att klardrömma om denna fascination. Sen sitter jag där med "rekvisitan" och är öppen för möjligheten att jag nu går in i en klardröm om det.

Det är inte svårt, helt utan ansträngning försvinner gränsen mellan vaket och klardrömmande tillstånd. Sen händer det direkt – jag nästan kastar mig över rekvisitan och betraktar inte vad jag fascinerats av, utan utför själv vad jag fascinerats av! Gränsen mellan mig och rekvisitan försvinner, jag sugs in som i en virvelvind där rekvisitan och mina aktiviteter snurrar runt, och i denna upplevelse är jag inte bara den som ser på, jag är både "aktören" och rekvisitan på samma gång, så känns det, och i upplevelsen finns inga tankar på vad som är vad. Något utanför eller innanför upplevelsen finns inte, jag är den och samtidigt både aktören och rekvisitan – **och** den som ser på! Att se på är jag mycket bekant med sedan ungdomen, men nu... Ojojoj! Så det visar sig i detta "vakna" klardrömmande att vad jag egentligen är så fascinerad av, är inte bara att se på, utan att känna hur det är att vara både aktören och rekvisitan.

När aktiviteterna avtar och upplevelsen av att vara både aktör och åskådare klingar av, stänger jag av mobilen och faller utmattad och chockad ner i soffan och bara gapar i flera timmar.

När jag sedan spelar upp det inspelade på en större skärm, får jag nästa chock. Det inte bara ser ut att vara autentiskt upplevt, det är även lätt att bli helt uppslukad av det, lätt att känna vad jag kände när jag spelade in det: Att jag samtidigt är både aktören, rekvisitan – och åskådaren!

Jag gör om detta experiment några dagar senare. Samma sak. Fler gånger, samma sak. Inför följande tillfällen förändrar jag "scenen", tar bort distraherande saker och lägger till saker som ännu bättre passar till scenen. Och varje experiment visar sig kunna uppsluka mig ännu mer, både när det spelas in och när jag ser det på stora skärmen efteråt.

Det blir ett tjugotal sådana filmer på ett år, filmer som ingen annan ser och som jag inte kan berätta för någon om – jag vet ju knappt själv vad jag håller på med! Jag har inte sett något liknande tidigare, men i viss mån känner jag igen någonting som jag hört andra berätta om angående just filmkonst, regissörer och andra. Så jag trevar lite på internet för att kanske hitta några som skulle förstå vad jag håller på med – kanske för att kunna spegla mig i andras erfarenheter och kanske för att få tips om hur jag kan göra det ännu bättre – så jag laddar upp några filmer för en liten grupp filmkonst-skapare som ser dem, dock utan att berätta någonting om hur de kommit till.

Då kommer tredje chocken… Man fullkomligt älskar filmerna, och de rapporterar att även de blir hänförda, uppslukade, och att något mycket ovanligt händer dem – de känner vad jag känner framför kameran! Hur är detta möjligt?

I många samtal med ett par av dessa människor som även är pålästa om filosofi och ickedualism, får jag höra deras syn på saken. Själv har jag inte alls tänkt i de banorna, jag är så upptagen med att göra mer film, men visst, jag kan förstå vad de säger.

Här ett par exempel som verkar stämma med upplevelsen:

1. Konst är ytterst sådan att den sägs kunna "transportera" åskådaren in i vad konstnären upplevde när hen gjorde konstverket, och att det då inte längre upplevs eller finns någon gräns mellan konstnär och betraktare, att betraktaren "blir" konstnären under betraktandet.

2. Upplevelsen av att gränsen inte längre finns mellan vad som upplever och vad som upplevs, är vad de "gamla texterna", den perenna filosofin, bl.a delar av Bhagavad Gita, definierar som den Tantriska vägen till "uppvaknande". På svenska översätts det ungefär som "sinnenas väg".

Jag bryr mig egentligen inte så mycket om det jag får höra, men visst finns det nu lite intellektuell bekräftelse av mitt experiment. I upplevelsen när jag filmar, däremot, är intellektet inte speciellt aktivt över huvud taget.

Så därefter gör jag nästan inget annat än filmer. Jag skaffar mer rekvisita och utrustning, förfinar metoder att filma osv. Det har nu blivit 60–70 filmer, alla mellan en halvtimme och två timmar långa, som vardera tagit tre till sju dagar i anspråk att producera. Den lilla skaran filmkonst-skapare har växt och de ser fortfarande fram emot fler filmer. Några av dem gör även egna filmer, och vi har kunnat utbyta värdefulla synpunkter med varandra. Någon enstaka känner ungefär likadant om hur intensiv upplevelsen är.

Jag sliter mitt hår många gånger över att kunna göra filmerna så att uttrycken kommer ännu närmare upplevelsen. Ett par gånger är jag på väg till andra som skulle kunna hålla i kameran och sköta det praktiska som är mycket komplicerat och jobbigt att göra ensam – det tar så mycket energi och uppmärksamhet – men av olika skäl blir det inte av.

Upplevelsen är alltid där, även när jag inte filmar. "Mystiken" och intensiteten i upplevelsen går inte att förneka. Och tydligen är det möjligt att uppleva samma sak även när man ser filmerna, oavsett om man bott i Indien eller Brasilien hela sitt liv.

Men nu kommer ytterligare en aspekt på det hela:

Upplevelsen – att uppleva sig som både vad som upplever, det upplevda och åskådare på samma gång – är inte förbehållen mig, konstnärer eller mystiker! Man skulle kunna tro att det behövs åratal av träning, viss rekvisita, vissa metoder osv. för att uppnå någonting ovanligt. Men självklart inte, och så gick det inte till för mig heller. Upplevelsen är alltid tillgänglig, oavsett om jag för tillfället sitter mycket nära min vän och vi bara ser varandra i ögonen, om jag ensam står och ser på soluppgången efter att ha vaknat i tältet som jag ställde upp i mörka natten innan, om jag efter en lång dag på jobbet hamnar i soffan med bästa musiken i högtalarna... Att "bli ett med allt", låter kanske som det mest exotiska och esoteriska man kan uppleva, men är samtidigt det mest familjära som vi kan uppleva. Det händer inte "därute", det händer här inne, i vad jag verkligen är, hitom, "på den här sidan" upplevelsen. Varje gång.

Det enda som kan "ställa sig i vägen" är psyket, som vanligt. Tanken kan komma, och jag kan tro på den, att saker måste vara på ett specifikt sätt för att kunna generera denna upplevelse – men jag vill påstå att om psyket är öppet för möjligheten att vad jag egentligen **är** – hitom upplevelsen, utan etiketter, värderingar, tankar eller inlärda vanor – är vad som alltid upplever allt som upplevs, i mig Själv, ur mig Själv, av och som mig Själv... och då spelar det ingen roll **vad** jag upplever, eftersom jag redan är både vad som upplever och vad som upplevs, **och** åskådaren! Alltid både och. På samma gång.

## Vad filmar jag?

Jag filmar upplevelsen. De uttryck jag filmar är av en viss sort, beroende på att de händer av och genom mitt sinne, mitt psyke, och mitt psyke är också av en viss sort, på grund av betingning, inlärda beteenden, tycke och smak, preferenser, osv. Det här gäller självklart allas psyken, så mitt psyke är inte annorlunda än någon annans i detta avseende. När andra gör liknande "konstverk", sker det under andra förutsättningar och innehållet i upplevelsen och filmerna är annorlunda – men upplevelsen av upplösandet av gränsen mellan vad som visuellt kan se ut som två, subjekt och objekt, är densamma.

I mitt psyke finns inte länge upplevelsen av endast ett genus, utan av både det maskulina och feminina, och de är så intimt sammanflätade att upplevelsen av båda faktiskt är **en** upplevelse. Jag har kommit fram till att detta innebär några saker:

Mitt psyke är varken maskulint eller feminint och inte maskulint plus feminint heller. Mitt psyke är ingetdera, men det kan ge rum för och uttrycka hur det är att **vara** både det maskulina och det feminina, på samma gång. Detta gör inte mig till maskulin eller feminin, inte heller till både och, men ändå upplever jag hur det är att vara både och, samtidigt. Båda händer i, och upplevs av vad jag är. Denna till synes endast semantiska skillnad är faktiskt grunden för insikten om vad jag är, och för vad jag har möjlighet eller kapacitet att innehålla och ge uttryck för. Och på denna grund känner jag inget behov av att identifiera mig som någotdera genus, och inte heller som något annat. Identifiering har helt enkelt ingen betydelse för mig längre.

På ett sätt kan man likna detta med hur det är att vara skådespelare som kan spela och "leva sig in i" vilken roll som helst, men inte identifierar sig som någon av dem.

Eftersom både det maskulina och det feminina uttrycks och upplevs genom mitt psyke, finns inget "behov" av något annat psyke i vad jag gör. Det maskulina och feminina har redan "gift sig" med varandra, blivit ett i vad jag känner, upplever och gör, och är därför både ett uttryck för och ett firande av fulländandet av detta sanna "äktenskap". Det är genom oräkneliga upplevelser som jag upptäcker detta, så det är inget struntprat eller naiva fantasier. Jag kan egentligen bara göra en sak i min filmkonst, och det är att vara sann mot denna upplevelse.

Lite senare slår detta mig:

Om vad jag gör är konst, är min konst symbolism.
Denna konst innehåller symboler
för några få utvalda mänskliga upplevelser
av upplösandet av vad som ser ut som två.

Detta innebär därför att
min intention aldrig har varit
att någon skulle bli förälskad i min konst,
utan i vad min konst pekar på.

Härefter följer texter som skrevs strax efter just dessa upplevelser.

## Jag är du

Jag vill vara du,
som omfamnar mig!
Nu är jag du,
som omfamnar mig.

Jag ville alltid vara
vad som attraherade mig
allra mest.
Nu är jag det!

## Kyss

När våra munnar kysser,
är det dina läppar som kysser mina,
eller mina läppar som kysser dina?
Både och!

## Kulmen

– Kulmineringen av
att jag älskar dig,
och att du älskar mig,
är när vi inte längre
känner någon skillnad.
– Vilken skillnad?
– Just det!

## Älskar

Jag ser inte vad jag älskar,
jag älskar vad jag ser.
Jag känner inte vad jag älskar,
jag älskar vad jag känner.

## Bild

Mer än tusen ord
säger ibland ingenting
om en bild.

## I mig

Jag känner dig
Jag känner dig i mig
Jag känner dig pulsera i mig
Visa mig hur det är
att vara i mig!

## Cirkeln

Det maskulina i mig tar emot
alla dina feminina gracer,
allt du så lustfyllt ger mig.
Jag tar emot exakt vad jag skulle ge,
om jag hade dina attribut.

När du ger dina ljuvliga gåvor,
blir jag tvungen att vara i dig,
och din lust för det suger in mig,
så att jag kan uppleva hur det är
att ge allt som du ger mig.

Så jag kommer in i dig,
allt jag vill är att vara i dig,
så jag kan känna hur det är
att öppna mig, ge min hela kropp,
så jag kan känna hur det är att vara du.

När jag är i dig, och du i mig,
visar sig detta vara
en och samma upplevelse,
och att allt som är,
är En som upplever allt.

# Upplevelsen av mig själv

Jag är inte båda.
"Båda" är vad jag ser ut som,
men det är bara utseende.
Jag är allt och allting i alla fall.

Att säga båda
vore att dela upp någonting
som inte kan delas upp,
därför att det är allt,
och allt består av det.

Det som ser ut som båda
upplever sig Själv.

När jag smeker mig själv,
så smeker jag inte mig själv,
jag är vad som ser ut som båda,
både den smekande och den smekta,
men alltid är det bara jag.

Att uppleva denna enhet,
enhet med mig själv,
är upplösandet av idén
att det skulle finnas två.

När jag smeker
vad som ser ut som mig själv
inser jag, bortom alla tvivel,
att allt som finns, är Jag.

Denna icke-förening av vad som inte är två,
är därför det mest tillfredsställande
i min skenbart åtskilda entitet,
som i själva verket endast är.
Att inse, känna och uppleva detta
är upplevelsen av mig själv.

# Trans

Jag föll i trans när jag såg en viss typ av film,
Jag ville därför uppleva vad som uttrycktes i den:
Upplösningen av åtskillnad,
när vad som såg ut som två
förenades och visade sig vara ett.

Jag ville bli vad som blir ett,
att bli båda, sammansmälta till ett.
Jag överskred den skenbara, tunna gränsen mellan de två,
och upplöstes med den, i gränslösheten som tog vid.
När jag är båda, är jag ett.

Jag spelade in en egen film, just den typen av film.
Och jag filmade i upplevelsen av
upplösningen av åtskillnad.
När jag efteråt ser filmen,
känner och ser jag att allt alltid är ett. Som jag är.

# Jag är hon!

Jag har upptäckt att jag även är det feminina
som älskar att uppleva vad jag älskar.
Då är hon min upplevelse.
När hon är min upplevelse, är hon jag.
Jag är den kärlek hon älskar mig med.
Hon är den kärlek jag älskar henne med.
Helt utan åtskillnad.
Hon är jag och jag är hon.
Det finns ingen gräns eller åtskillnad,
mellan vad jag älskar och vad hon gör,
mellan vad hon älskar och vad jag gör.
Vi är ett och samma,
i vad som upplevs
hitom alla gränser.

# Konst

Vad den visuella konstnären håller på med
är att försöka förmedla vad eller hur hen ser.
Seendet är inte svårt, för hen ser det ju.
Men för att kunna förmedla det,
måste hen i sin konst eliminera vad hen inte ser.
Och det är svårt.

Å andra sidan…

När betraktaren upplever
vad och hur konstnären sett,
är det inte en förmedling av någonting,
utan ett seende som är ett och samma.
I detta ett och samma seende,
finns ingen åtskillnad.

# Skönhet

Skönhet är, helt enkelt. Vi har lärt oss att tänka och tro att det är objekten som är vackra, men är de verkligen det?

Vad som kallas vackert av en, kallas fult av en annan, så skönheten kan inte vara inneboende i objektet.

Men det "bevisar" inte att skönhet är subjektiv, eftersom skönhet inte behöver bevis, inte heller kan den bevisas. Skönheten är helt enkelt närvarande när den ses, när den upplevs, och eftersom den upplevs är den otvivelaktigt sann – alldeles oavsett objektet, som snarare endast fungerar som en dörr in till skönheten själv. Dörren är på så sätt ointressant för den som gått in till skönheten själv.

Skönhet är inte inneboende i objektet som ses, utan upplevs i betraktaren.

Därför är det sagt:
"Skönheten är i betraktaren"
och
"Om perceptionens dörrar renades
skulle varje ting visa sig för människan som det är,
Oändligt."

# Talang

En vän sa till mig om mina filmer:
–"Jag tror inte att det finns en enda person i världen som har din talang."

Jag svarade:
Vänta, det här är ingen tävling och det går inte att jämföra talang. Alla är bäst. På att vara vad de är. Ingen annan kan vara mig, och ingen annan kan vara dig – eller skulle kunna, någonsin! Jag bara råkar se **och** känna **och** våga att vara och göra vad jag älskar. Och det kan vem som helst göra!

## Ingen aning

Som fri även från friheten själv
har jag ingen aning om
vad som kommer att hända.

Om jag vet vad som kommer att hända,
så är det mina inlärda och invanda bedömingar
och förutfattade meningar.

Förutfattade meningar om hur man ska eller borde leva
blir då vad som avgör vad som kommer att hända.
Och vad som då händer blir ganska förutsägbart.

Men fri även från friheten själv
har jag ingen aning om
vad som kommer att hända.

## På tiden?

Det är väl på tiden – efter att jag känt hur det är att vara det maskulina under så många år – att jag nu kan känna hur det är att vara det feminina!

Och detta är inte en motsägelse, snarare tvärtom – precis som ett mynt inte vore ett mynt utan sina båda sidor. Nu vet och känner jag att jag är myntet.

# En upplevelse

När jag smeker mitt lår med min hand
känner jag samtidigt
både hur det är att smeka ett lår
och hur det är att mitt lår blir smekt.
Det är inte konstigt att känna båda,
eftersom båda dessa upplevelser
i själva verket är en upplevelse.
Uppdelningen i två upplevelser,
sker endast i psykets efterkonstruktion.

När jag håller din hand
finns heller ingen åtskillnad i upplevelsen.
Att vi båda kan säga att vi upplever det,
säger oss att vi är detsamma som upplever,
inte att vi är åtskilda.
Upplevelsen är odelbar,
och vad som upplever likaså.
Detta är inte konstigt.
Uppdelningen är konstig.

# Nära

Först när jag känner mig så nära dig
att jag inte längre ser någon annan än mig själv,
och först när du känner dig så nära mig
att du inte längre ser någon annan än dig själv,
känner vi oss hemma,
där ingen längre behöver vara
någon annan än sig själv.
Samma själv.

# Jag är det här

Det finns två sätt att säga "Jag är det här".
De två sätten står i direkt motsats till varandra.
Man kan säga det med denna betoning:
"Jag är **det här**."
Det vill säga att det är **det här** som är jag.
Så lärde jag mig att säga och därför tänka,
och jag var då inte medveten om att det kunde sägas
på två olika sätt som står i motsats till varandra.

Så vilket är det andra sättet att säga "Jag är det här"?
Jo, med denna betoning:
"**Jag är** det här."
Det vill säga, det är **jag som är** det här.

Det andra sättet att säga det
är faktiskt det enda korrekta,
därför att det beskriver något sant,
eftersom det stämmer med upplevelsen.
**Jag är** det här. Det är jag som är... det här.

På så sätt är **det här** inte jag,
eftersom det är **jag som är**... det här.
Allt som inryms i begreppet "det här",
är något jag är, det är jag som är det,
men inte tvärtom – "det här" är inte jag.

Detsamma gäller för dig.
**Du är**... det här. Inte tvärtom.
Och eftersom jag är... det här,
och du är... det här,
så är du och jag samma,
som är det här.
Jag är samma jag som du är.
Du är samma jag som jag är.

Vad som upplever det här,
är inte det här,
utan samma Jag som upplever det här.

Om jag säger "jag är det här" på det första sättet,
så är det historiens första och största misstag,
det vill säga att jag skulle vara **det här**,
till exempel min kropp,
och att du skulle vara något annat **det här**,
till exempel din kropp.
Då blir konsekvensen självklart
att jag måste försvara vad jag tror att jag är
om det blir bråk mellan dig och mig.
Kanske tycker jag till och med att det blir nödvändigt
att tillverka vapen för att försvara mig mot dig…

Om jag däremot säger "jag är det här" på det andra sättet,
det vill säga att allt det här är något som jag är,
till exempel din och min kropp,
blir konsekvensen självklart
att jag är aktsam om det här,
eftersom det är jag som är… det här.
För om jag gör något illa mot det här,
så gör jag något illa mot mig själv,
eftersom det är jag som är… det här.

Det ligger mycket i dessa ord:
"Älska din nästa som dig själv",
eftersom jag är… min nästa.

## Ljus

Jag är endera
och bådadera
och ingendera.

Jag är all kontrast,
och all uppdelning,
Och endera,
och bådadera
och ingetdera.

Kön, genus,
ålder, nationalitet, kultur, tidsålder,
och alla andra etiketter,
konstraster och uppdelningar
faller nu i ett annat ljus.

Jag är ljus.

## Min Älskare

Jag har mött min Älskare.
Min Älskare är Kärleken
som jag älskar min Älskare med.

Min Älskare älskar mig så intimt
att jag inte längre känner någon skillnad
mellan min Älskare och mig själv.

Min Älskare är mitt allt.
Det finns inget annat
än min Älskare.

Min Älskare och jag är ett,
liksom jag är ett med allt jag älskar,
väl medveten om att min Älskare är Kärleken
som jag älskar allt med.

## Älska mig själv

När jag kommit att älska mig själv
mer än någon annan
någonsin skulle kunna älska mig,
vad gör jag då?
Och hur skulle jag då
någonsin kunna behöva
ett förhållande med någon?

## Omvänt igen

Jag tycker inte om någonting för att det ser bra ut, det är omvänt – igen.
Vi skulle kunna stanna där, men vi undersöker det:

Om jag ser på något som jag upplevt tidigare,
något som känns mycket bra att göra eller delta i,
då tycker jag om att se på det.
Upplevelsen är alltid innan uppfattningen att jag tycker om det.
Så – det ser bra ut för att du tycker om det.

## Gillar?

Man gillar inte vad man gillar,
man gillar gillandet.

# Jag vill ha dig i mig

När det feminina säger "Jag vill ha dig i mig!",
är hen en storleksordning ner från Medvetande
som säger till den skenbart åtskilda personen
"Jag vill ha dig i Mig".

Detta betyder inte att den skenbart åtskilda personen
inte redan är i Medvetande,
men Medvetande säger så som en eftergift
till att personen ser sig som och känner sig åtskild.

Detta är varför poeter och mystiker skrev
"Herre, du är den Kärlek som jag älskar dig med".
I hela denna upplevelse, finns inget annat än Kärlek.

Men denna Kärlek är inte sockersöt!
Denna Kärlek är vad som medger skenbar åtskildhet,
att tro att man är åtskild,
och att man därför ytterst måste föra krig
mot vad man tror är någon "annan".

Men kom ihåg vad en snickare en gång sa:
"Älska din nästa som dig själv",
vilket innebär att älska min nästa
eftersom hen **är** mig själv.

Så, när det feminina säger "Jag vill ha dig i mig!",
är det en reflektion av det högre,
av gud själv om man uttrycker det så.
Så vad representerar det maskulina som penetrerar här?
Det representerar den skenbart åtskilda personen,
och att allt hen vill är att vara i vad hen består av.
Hen består av det feminina som säger
"Jag vill ha dig i mig!".

När detta är sagt och gjort, fullbordat,
händer något mirakulöst:
Det feminina delar sin kropp till en bäbis!
Bäbisens enda syfte i livet
kommer att vara, och är, och är alltid
att hitta sin väg tillbaka,
tillbaka till vad hen består av.

Som vi känner till, byter de flesta av oss ut
att vara den Kärlek som vi älskar med,
eller vi förväxlar den med
substanser, förhållanden, förnimmelser,
och vi tror att vad vi än längtar efter
så är det utanför oss själva och vi måste sträcka oss efter det,
jobba hårt för att få tag på det,
och på sätt och vis slösa bort hela våra liv,
i detta sökande efter någonting utanför oss själva.

Men här är "modern" igen,
mor till alla oss "syskon"
som alla fostrats till att känna det som
att vi är åtskilda personer,
och allt vi någonsin gjort som verkligen betytt något,
är att hitta vår väg tillbaka till "henne".

Att känna detta feminina i sex
är något som det maskulina psyket
aldrig kunnat föreställa sig –
att vara den mottagande sidan
när någon kommer in i
vad hen verkligen är.

Och livets kretslopp, denna cirkelrörelse,
går oavbrutet runt, runt… runt, runt.

## Kommer ihåg

Nu kommer jag ihåg vad Du talade om för mig innan jag blev till!
Jag tackar Dig för att Du förlänat mig denna min roll.

I ljuset av vad Du talade om för mig innan jag blev till,
har min roll utvecklats till detta, där ingenting finns kvar
i mig, eller av mig, eller ur mig, mig och mitt lilla psyke.
Med ingenting kvar i mig, kan Du glänsa, min Högsta,
Du kan vara min uppfyllelse, en uppfyllelse som säger mig
att jag aldrig lämnat Dig.

Allt som är kvar när jag är i Dig – och det är alltid –
är Du som skiner genom allt som händer,
för mig att lära mig av och för mig att uppleva,
denna fulländade upplevelse, att vara varken man eller kvinna,
utan endast Ande, som både maskulint och feminint
på samma gång.

# Till fullo känd

Jag är han som uttrycker varje sexuell lust för henne.
Jag är hon som åtrår alla hans sexuella uttryck.

Jag är han som bara måste att vara i henne, känna henne intimt.
Jag är hon som trängtar efter att vara uppfylld av honom, intimt känd.

När han är i henne, känner han hur det är
att vara hon som trängtar efter att vara uppfylld, fullkomligt känd.

När hon har honom inuti sig, känner hon hur det är
att vara han som känner henne fullkomligt.

När fullkomligt känd,
är vi inte längre två.

*...då skall jag känna fullkomligt, liksom jag själv har blivit fullkomligt känd.*
1 Korintierbrevet 13:12

*Här är inte jude eller grek, slav eller fri,* **man** *och* **kvinna.**
Galaterbrevet 3:28

**En av de som på ett lite djupare plan förstår vad jag gör i min filmkonst, uttrycker någonting om skönheten hen upplever, och menar att det är i mina ögon som skönheten finns. På detta svarar jag:**

## Mötet

Om mina fysiska ögonglober skulle ligga bredvid någon annans, skulle de inte se speciellt annorlunda ut. Så det är inte i ögongloberna vi möts.

Det är jag – vad jag verkligen är – som ser ut genom mina ögon, och när du – vad du verkligen är – ser det, möts vad som ser... sig själv. Vad som ser mig, är vad som ser dig, det enda Jag som finns, som ser sig själv. Tydligen är detta möjligt även genom detta medium, film. Mystiskt, kan vi kalla det, men det är verkligt i en sannare mening än den fysiska. Endast i detta möte ligger skönheten, och ingen annanstans.

Att samma möte **inte** upplevs när någon annan ser samma film, förändrar inte denna sanning.

Att det är just mina ögon som dina ögon ser på, förändrar ingenting heller. Mötet och skönheten i mötet är alltid där, när vad som ser... ser sig Själv.

Efter nästan fyra år av filmkonst, har det blivit mycket korrespondens med min "publik". Jag kan konstatera att det är ytterst få som har sett min konst för vad den är, eller snarare vad den pekar på. Kanske är det så för de flesta konstnärer. Nedan ett par texter som blivit till som respons.

## Förnedrande?

Om "skuld" och "förnedring", och hur de är besläktade:

Jag kan se att båda är inlärda. Att låta sig utsättas för förnedring är ett sätt att undvika att känna skuld. Så när jag inte längre känner skuld, behövs inte förnedring, den har inte längre har någon funktion. Sexualiteten är så helig i sig själv, och som sådan behöver den varken förklaring eller rättfärdigande, varken mental värdering eller bedömning, den drar in mig till fria uttryck som händer innan psyket lägger sig i.

## Objektifiering

Om objektifiering och dyrkan av mig och/eller min konst, är detta citat ur filmen *Ready Player One* (2018) mycket tydligt:

Parzival: Jag sa att jag är förälskad i dig.
Art3mis: Nej, det är du inte. Du känner endast till vad jag vill att du känner till. Du ser endast det jag vill att du ska se. Det är vad du är förälskad i.

I mina filmer är jag endast en musa. Varken mina uttryck eller jag är vad de pekar på. Jag uppmuntrar inte till dyrkan av musan eller dess uttryck – jag uppmuntrar till dyrkan av Kärleken själv.

## Kärleksscen

I filmen *Sucker Punch* från 2011 utspelar sig detta som så tydligt fångar något stort:

High Roller: –Du förstår, jag är vad man skulle kunna kalla en man som har allt. Och ändå saknar jag det enda som pengar inte kan köpa.

Baby Doll: –Kärlek?

High Roller: –Nära. Sanning stämmer bättre. Jag söker ett sant ögonblick, ett ögonblick av sanning, i denna lögnens värld. Det bara råkar vara så att... detta ögonblick, denna sköra, spröda sak, som ett glasägg eller sandslott, detta ögonblick kan ges endast av någon som inte är falsk. Som inte spelar. Det är du.

Baby Doll: –Jag förstår inte.

High Roller: –Nå, jag har spenderat en mindre förmögenhet på att få in dig i detta rum. Denna gyllne bur. Avsikten är att du ska ge dig själv till mig. Det är helt fysiskt. Jag kan få din kropp, men ditt verkliga jag, den där ogripbara och odefinierbara gnistan som är du... Nå, den kommer jag aldrig att känna. Och ändå är det precis den jag vill ha.

Baby Doll: –Jag ber om ursäkt. Du verkar vara mycket trevlig. Vill du att jag ljuger för dig?

High Roller: –Nej, gör inte det. Allt jag begär av dig är en skärva av ett ögonblick. Att ha dig, inte av makt, utan bara som man och kvinna. Att se i dina ögon den enkla sanningen att du fritt ger dig själv till mig. Inte för att du måste, utan för att du vill. Naturligtvis, för en sådan skatt vill jag också ge något. Jag är beredd att ge dig frihet. Ren och total frihet. Frihet från vardagens slit, frihet... detta abstrakta ideal. Frihet från smärta, frihet från förpliktelse, frihet från skuld, från ånger, frihet från sorg, frihet från brist, frihet att vara lycklig – blunda inte, jag behöver att du ser på mig – frihet att älska.

## Jag har lärt mig så mycket av Gud

Jag
Har
Lärt
Så mycket av Gud
Att jag inte längre kan
Kalla
Mig själv en kristen, en hindu, en muslim
En buddhist, en jude.

Sanning har delat så mycket av sig Själv
Med mig
Att jag inte längre kan kalla mig själv
En man, en kvinna, en ängel
Eller ens en ren
Själ.

Kärlek har
Gjort mig till sin vän så fullständigt
Det har blivit aska
Och frigjort
Mig

Från varje koncept och bild
Mitt sinne någonsin känt till.

**Hafez (1325-1389)**

# KAPITEL 8

# Sista orden?

Jag frågade mig själv detta:
– Trodde jag att det skulle få konsekvenser att det gått upp för mig vad jag verkligen Är, nu när jag förstår hur radikalt annorlunda mitt psyke blivit betingat? Självklart!

– Förstår jag även att ju mer annorlunda och ju längre och djupare betingningen varit, desto mer radikal blir upptäckten och dess konsekvenser? Ja!

I mitt personliga liv ser jag denna upptäckt som en revolution, men samtidigt känner jag mig så hemma, som att jag aldrig lämnat, och att jag aldrig var åtskild något annat, allra minst verkligheten. Och jag ser att endast efter denna revolution kan jag vila fullständigt och alltid, även när mitt psyke ibland fortfarande sträcker sig efter någonting i konceptens illusoriska land som vi kallar det förflutna och framtiden.

Endast nu kan jag vara fri att vara vadhelst jag är och göra vad jag gör utan att oroa mig, utan att försöka uppnå någonting jag borde vara eller göra, varken enligt mina egna eller andras förutfattade idéer.

Helt naturligt händer konsekvenser, om jag ser det ur mitt psykes gamla mönster, men när jag ser det ur vad jag nu vet att jag Är, flyter alla händelser genom varandet, liksom allt annat. Agerande har gått från att vara reaktivt genom psykets filter, till endast aktivt seende.

Allt är sagt och gjort, Fait Accompli, fullbordat. Nu kan vad som helst hända – som det alltid gjort och gjorde! Jag är inte längre förstörd eller förminskad av något som händer mig, när jag ser att det händer i mig, och inte emot mig. Och detta är så tydligt, även om det dyker upp tvivel i psyket. Detta seende är mer verkligt än att tro att det inte är det.

Slutligen – sett ur psykets perspektiv – så kan kärlek, omtanke, empati, inklusion och acceptans flöda naturligt ur och i detta seende, till skillnad från seendet genom filtren. Och inget av det behöver min eller någon annans uppmärksamhet, bekräftelse eller erkännande. Vilken lättnad!

Allt agerande som tidigare var utformat av psyket för att vinna vad som tycktes saknas eller behövas, är nu befriat från sådana ansträngningar, fritt att bara hända, i harmoni med och informerat av insikten om vad jag verkligen Är. Inte att psyket borde skuldbeläggas för någonting, det handlade bara utifrån sina egna betingade idéer som planterades för generationer sedan i ett ofattbart komplext relationsnät som är omöjligt att kartlägga.

När jag ser att det aldrig fanns någon personlig grund att varken stå på eller hålla fast i, utan snarare att det är en enda och samma grund för alla varelser – kan jag inte annat än böja mig inför hur detta varande är detsamma, grunden som allt som manifesteras föds i, ur och av. Detta lämnar inte rum för någon personlig agenda eller identitet som psyket kan utveckla, eftersom inget av det behövs längre, helt enkelt, psyket hade aldrig den uppgiften. Istället kan mitt psyke nu tjäna sitt enda syfte; att vara min älskade tjänare, i min kropps och hela världens tjänst – i vad jag Är.

# Åldrande...

Ju äldre min kropp blir, desto snabbare närmar jag mig döden, kan man tro. Varje år är lika långt på kalendern, men det kan kännas som att åren successivt går fortare, eller att stegen mot döden blir successivt kortare efter 50. Men egentligen är 50 ungefär hälften av "livet", och hälften kvar är väl inte att man är gammal? Uppfattningen om längden på ett år verkar nästan minska logaritmiskt...

(Söker man en förklaring till detta, hittas den säkert i att ett år är halva livet för två-åringen, men bara en femtiondel av livet för femtioåringen, så det är ganska självklart att femtioåringen uppfattar ett år som kortare än när hen var tvååring.)

Vad som händer då, kring 50, är ofta att man jobbar hårt för att förlänga livet för att bli 120 eller 130 år gammal, om man lyckas väl. Man jobbar på att förlänga livet med kanske piller, operationer, genterapi osv. Man tänker att då kanske det känns som ""hälften kvar", om jag ser till att jag blir 130.

All energi, forskning mm. som läggs på att förlänga livet (från lägsta nivå med "anti aging cream" makeup, till ytterst genterapi) bygger på hur man ser på åldrandet och döden när man är "medelålders" – och då har man faktiskt inte har en aning om hur det kommer att kännas vid närmare 100.

Min starka aning är att om jag frågar Nisse som nu är 120 efter att ha förlängt sitt liv, "Var dessa extra år viktiga för dig?", så svarar han antagligen "Nej, vad skulle jag med de här extra åren till?"

Längden på mitt liv har inget att göra med hur andra dör eller hur gamla de är då – det är ingen jämförelseprocess som gör att jag känner att det skulle behöva förlängas.

Men framför allt missar frågan om att "förlänga livet" något större: Liv har ingen motsats. Dess motsats är inte död. Motsatsen till död är födelse. Livet innehåller dem båda, och däremellan händer aktiviteten, processen, den illusoriska personen Mischa. Att livet skulle kunna ta slut eller upphöra är inte ens hörsägen, utan endast en inlärd och förutfattad mening. Vad vi kallar liv är närmast släkt med Medvetande, att det enda vi vet eller ser, är att vi är. Och eftersom vi verkligen är, påminns jag om:

*Det som är, upphör aldrig att vara.*
*Det som inte är, blir aldrig till.*
Bhagavad Gita

## Vad är åldrande, då?

Ackumulerade erfarenheter. Inget annat.

## Frågor

Jag har egentligen inte fått svar på några frågor.
Det är bara så att jag inte längre har några frågor.

## Bryr mig

Jag bryr mig inte om vad jag gör.
Jag gör vad jag bryr mig om.

## Sanning

Om du ser
att vad Jag säger
är Sant,
då vet du också
att det inte är Min form
som säger det,
utan Sanning själv.

## Hyllning

Jag hyllar alla mina unga vänner!
Först när jag har umgåtts med er
som inte bryr sig om ålder,
har jag äntligen fattat att ålder
inte spelar någon roll.

## Förlåt?

Världen snurrar
runt det vänliga leende jag ger dig
när vi går förbi varandra i folksamlingen,
när jag tackar alla och envar
för vad de gjort mig till,
när jag förlåter dem
för allt de gjort eller inte gjort.

Allt jag är, är Kärleken
som innesluter allt och alla
som någonsin varit del av mitt jordiska liv.
Jag kunde inte gjort annat än vad jag gjorde,
och inte du heller.
Allt det är inget annat
än den brokiga gobeläng vi kallar våra liv.

Om jag varit du, hade jag gjort detsamma.
Om du varit jag, hade du gjort detsamma.
Så i själva verket finns ingen förlåtelse,
inte heller skuld.
Allt som någonsin varit, är vad som är.
Som jag är. Och du.

**...såsom också vi förlåter dem som står i skuld till oss. – Matteus 6:12**

# När jag dör

När jag dör, när min kista bärs ut
tänk aldrig att jag skulle sakna denna värld.
Fäll inga tårar, klaga eller beklaga inte.
Jag faller inte ned i ett monsters avgrund.

När du ser mitt lik bäras,
gråt inte över att jag försvinner.
Jag försvinner inte, jag kommer till evig kärlek.

När du lämnar mig i graven, säg inte adjö.
Kom ihåg att en grav är endast en ridå framför paradiset där bakom.
Du kommer att se mig fara ned i graven, nu – se mig stiga upp!

Hur skulle det kunna finnas ett slut?
När solen går ned, eller månen går ned, ser det ut som ett slut.
Det ser ut som en solnedgång, men i verkligheten är det en gryning.

När graven låser in dig, då frigörs din själ.
Har du någonsin sett frön som faller till jorden och inte stiger upp med nytt liv?
Varför skulle du tvivla på uppstigandet av ett frö som kallas människa?
När du för sista gången stänger din mun,
tillhör dina ord och din själ världen ingenstans, utan tid.

**Rumi (1207-1273)**

## När Mischa är död

Du må hitta mig när och var som helst. Kanske hittar du min döda kropp – stackars vän. Men du ska veta att vad du ser då, är inte jag. Jag är och har alltid varit vad som upplever allt, ja, min kropp som en gång babblade, och även vad du upplever just nu. Vet att jag därför alltid är med och i dig, ja, jag till och med **är** samma du som du är. Även om du tittar på en död kropp, med väl synliga rynkor och helt tomma ögon, kanske har snuset runnit, skägget vuxit – så skäms inte för vad du ser, var inte rädd, ledsen eller orolig. Jag Är, och kommer alltid att vara. Detsamma som du är. I outsäglig och gränslös kärlek, ryms vi alltid i varandra, älskade du!

Och glöm aldrig detta,
tänk på det när du går härifrån,
i morgon och varje dag:
Vad som såg dig när vi satt och pratade,
**är** vad som nu ser min kista.
Och vad som såg mig då,
**är** vad som såg dig då.
Och nu.

Sökandet är över

Nu kan jag dö i frid

Varje ögonblick
som jag inte gör det
firar jag i outsäglig tacksamhet
och vördnad för
vad som Är
med Varats sång.

# Illustrationer

Omslagets bakgrund: *Inifrån Sälskärs fyr, Åland 2012*, av författaren.

Omslagets framsida: *Drawing Hands*, 1948,
litografi av holländske konstnären M. C. Escher (1898–1972).

Omslagets baksida: Selfie av författaren, 2021.

Sidan 1: *Födelse*, 2022, av Hild Krusell.

Sidan 15: *Universal indicator solutions in a lab*, av Stephen Gibson,
från sciencestockphotos.com, creative commons.

Sidan 45: *Lightship free photo by Bert Hardy*, 1941, från freeimages.com.

Sidan 129: *Silhouette of Man Standing Beside Ocean during Sunset*,
Ali Naderi, från pexels.com, creative commons.

Sidan 139: *Tegel*, utanför Lasse Åbergs Mus-eum, 2004, Bålsta, av författaren.

Sidan 162: *Bildernas bedrägeri*, 1929,
oljemålning av belgiske konstnären René Magritte (1898–1967).

Sidan 165: *Fantasi?*, av författaren, 2022.

Sidan 195: *Close-Up Photo Of Book Pages*, Ravi Kant, från pexels.com, creative commons.

# Tack…

alla vänner som på så många och olika sätt varit med på min resa. Ni har varit så nära mitt hjärta genom så många fantastiska och lärorika händelser att jag inte känner annat än tacksamhet för att ni finns. Ingen nämnd, ingen glömd…

# Särskilt tack till…

Hild Krusell för insikter och input.

Karl-Erik Nilsson för insikter, input och korrekturläsning.

# Påskägg

Till läsaren: Jag uppmuntrar dig till att anteckna, ställa frågor och kommentera i boken, och det finns ganska mycket vitt utrymme för det. Om du skickar mig din bok med anteckningar, kan jag lära mig och se något nytt i dem – och då lovar jag att skicka dig en ny bok! Du kan helt säkert hitta mig via någon lämplig sökmotor på webben!

# Ordlista

Under mina teologiska studier kom jag att fascineras av språket och hur det används, framför allt försökte jag ta reda på vad avsikten var, vad som försökte uttryckas när ett visst ord eller begrepp bildades och började användas.

I språkets utveckling har det visat sig att vissa ord till och med fått motsatt eller helt annan betydelse, de har kommit att uttrycka något som hade varit främmande för den tid då ordet började användas.

Ett exempel är ordet skola. Det kommer från grekiskans *skola* som betyder lov eller ferie. Alltså när man har ledigt. Från vad? Jo, när t.ex barnen som arbetade med de vuxna på åkrarna hade ledigt, fritid, så var de ofta ivriga att bege sig till de platser där lärda förmedlade lärdom och kunskap, ofta utanför biblioteken, och där förkovra sig. De yngsta barnen fick hjälp av de äldre, senare slavar som ledsagade dem till dessa platser, och en sådan "roll" fick också ett namn; *paidagōgos*, från grekiskans *pais* = barn + *agōgos* = leda. Hur *skola* senare kom att användas för något nästan motsatt som påtvingas barn, och hur *paidagōgos* kom att användas för någon som undervisar lärare, är ju intressant...

Jag har funnit upptäckterna kring ords ursprung givande på två sätt.

1. Jag hittar ofta att man man försökt uttrycka någonting som i modernt språkbruk förlorats. Ett "förlorat" begrepp kan peka på något värdefullt.
2. När man i modernt språkbruk förlorat något av det man ursprungligen sökte uttrycka, verkar det därför blir svårt att uttrycka det som förlorats, man har helt enkelt inga ord för det. Än värre, kanhända förlorar man så småningom möjligheten att ens känna eller uppleva vad det försvunna begreppet pekade på. Exempel: Nyligen har jag börjat misstänka att den upplevelse som ordet *jämnmod* (som mycket sällan används numera) pekar på – en upplevelse av att vara vid "gott humör trots motgångar" (se SAOL) – blir alltmer sällsynt som företeelse, och att både ordet och upplevelsen som det pekar på därför kommer att gå förlorade.

Någonstans hörde jag *Som språket är, tänker man* och att det går hand in hand med *Som man tänker, blir språket*. Som jag ser det, finns det därför anledning att undersöka ordens och begreppens ursprung.

I denna ordlista gör jag inga språkvetenskapliga anspråk. Mina referenser är oftast Elof Hellquists *Svensk etymologisk ordbok* för svenska (den enda som finns!) och *Online Etymology Dictionary* för engelska. Båda har självklart sina brister, men de pekar åtminstone åt ett håll som lett mig framåt i min passion för ordens och språkets funktion och ursprung.

Första gången ett ord som finns i ordlistan används i boken, är det försett med asterisk.

# Ansvar

*Ansvar* har kommit att förväxlas med *förpliktigad.*

*Ansvarig* hade från början inte med moral att göra, men det har *förpliktigad.* Ansvar handlar i grunden om förmågan att svara an mot någonting. *Ansvar* kom dock att ofta användas för när någon var förpliktigad att stå till svars i juridiskt hänseende, och kanske var det så ordet kom att användas istället för *förpliktigad.*

Även i engelskan har denna förväxling skett:
With regard to the legal use of the word, two conceptions are often confused — namely, that of the potential condition of being bound to answer or respond in case a wrong **should occur**, and that of the actual condition of being bound to respond because a wrong **has occurred**. For the first of these responsible is properly used, and for the second liable. [Century Dictionary]

Så i engelskan finns *responsible* resp. *liable*, i svenskan *ansvarig* resp. *förpliktigad.*

# Brahman

Svenska Wikipedia: "Brahman är 'världssjälen' – det stora världsalltet, den gudomliga verkligheten." I hinduismen pekar ordet Brahman på vad jag kallar Medvetande.

# Da Capo Non Fine

I notskrift för musik finns begreppet *Da Capo Al Fine* – Från början till slutet. Lekfullt använder jag *Da Capo Non Fine* för att ange att texten inte har något slut, utan kan läsas om och om igen, den "går runt" i en slinga.

# Dualism

Svenska Wikipedia: "Egenskapsdualism, att världen är uppbyggd av två grundläggande olika slag eller egenskaper, till exempel att materia och själ inte kan reduceras till varandra, och därför kräver olika förklaringsmodeller som grundas på olika principer (cartesianism). Tanken är gammal inom både filosofi och religion."

# Existens

Från latinets *exsistere*, *ex* = ut från + *stare* = att stå. Betydelsen inbjuder till frågan: "Stå ut från vad?" Allt "står ut från" Medvetande, vilket innebär att alla ting har eller lånar sin existens av Medvetande – i, ur och av vilket det består. Ingenting kan vara utanför eller bestå av något annat än vad som är primärt: Medvetande.

# Filosofi

Från grekiskans *filos* + *sophia* = kärleken till visdom. Filosofi inom modern akademi är inte vad ordet syftar till, det pekade från början på själva kärleken till visdom.

# Förnimmelse

Kroppens sinnesorgans reaktion på en retning. Inte att förväxla med *perception*. En förnimmelse förmedlas via nerver till hjärnan. Exempel: En kittling. Engelska: *Sensation*.

# Icke-dualism

Engelska Wikipedia: "that all of the universe is one essential reality, and that all facets and aspects of the universe are ultimately an expression or appearance of that one reality". Dvs. att, till skillnad från vad materialistisk dualism uttrycker, består verkligheten av en och samma grundläggande slag, egenskap, natur eller essens. Ordet på sanskrit är *advaita*, som betyder *inte två*, och pekar på att verkligheten inte består av två från varandra oberoende naturer, t.ex observatör/observerat, materia/ande, subjekt/objekt osv. Se även *Dualism*.

# Illusion

En falsk uppfattning av verkligheten på grund av flertydiga sinnesintryck. Observera att en illusion inte är detsamma som en lögn. En lögn har ingen underliggande verklighet (t.ex en oval triangel), men det har illusionen, dock inte nödvändigtvis den man uttolkat. Exempel: En ormtjusares "orm" är en illusion, och dess verklighet är repet. En hägring är en illusion, och dess verklighet är ljus.

Ordet **myt** (från grekiskans *mýthos* = saga) har mött ungefär samma öde, det förväxlas ofta med **lögn**. En myt är en berättelse där detaljerna inte nödvändigtvis är sanna, men avsikten med myten är att budskapet, sensmoralen är sann. Ett exempel: Att tomten ser alla barns tankar och gärningar genom året och på julafton ger julklappar – eller inte – beroende på hur barnet uppfört sig är en myt, men budskapet att "goda gärningar belönas" finns där (oavsett om man håller med om det eller inte).

# Koncept

Från latinets *con* + *capere*, med + fatta, ta, dvs. sammanfattning, ofta ett konkret uttryck för något abstrakt, med avsikt att förstå eller förklara det abstrakta. Synonymt är "tankekonstruktion". Grundläggande i begreppet är att ett koncept aldrig kan beskriva upplevelse. Två exempel: 1) "Sverige" är ett koncept. Att man säger sig "vara i Sverige" bygger på ett insamlande av information som man sammanfattar i en konstruktion endast i tanken, och är därför inte upplevd. 2) Tid är ett koncept som försöker beskriva hur vi upplever förändring i formens värld av ting. Men det säger ingenting om upplevelsen av förändring. Ur tankens perspektiv kan det beskrivas som om tid finns, har en egen existens som kan upplevas, men så är det inte. Allas upplevelse av förändring är att vara, att minnas och att tänka på "framtiden", och allt det upplevs i nuet.

# Kontroll

Min intuition säger mig att *kontroll* ursprungligen inte betyder *att styra*.

Hellquist: kontroll, samma som tyska "kontrolle", av franska "contrôle" och äldre "contrerolle", moträkning, egentlligen motrulle, som franska "rôle", och äldre "rolle", som svenska "roll, rulle".

Online Etymology Dictionary: early 15c., countrollen, "to check the accuracy of, verify; to regulate," from Latin contra "against" (see contra) + rotulus, diminutive of rota "wheel" (see roll (n.)). The word apparently comes from a medieval method of checking accounts by a duplicate register. Sense of "dominate, direct, exercise control over" is from mid-15c.

Betydelsen *att styra* är alltså relativt nytt i språkbruket.

Slutsats:
Moträkning: Det är balansen som gör det möjligt för både + och − att existera.

Motrulle som metafor: Allt som finns på ena "rullen" (Medvetande) överförs till den andra "rullen" (Världen), och rullarnas mönster är identiska. I denna process kan man inte uttyda någon början eller slut. Man kan inte prata om att den ena överför till den andra, eftersom de är identiska, i total balans och harmoni, i en dans som ser ut som mönstret, mönstret vi upplever som allt det relativa; psyke, tankar, känslor, perceptioner mm. och det materiella universum.

# Lycka
Hellquist: lycka, fornsvenska *lykka*, "öde (*fortuna*), framgång" = senislänska *lukka*, danska *lykke*, från mellanlågtyska (ge)*lucke*, "öde, lycka" = mellanhögtyska *gelücke*, "slump" o.d. (tyska *glück*); engelska *luck* från holländska *luk*. Av ovisst ursprung. Möjligen germanska roten *luk*, "böja", alltså egentligen: "sätt på vilket något böjer sig, dvs. utfaller, oberoende om lyckligt eller olyckligt"; sedan särskilt om "lycklig utgång". Beträffande betydelseutvecklingen, jämför latin *successus*, egentligen: "förlopp" från franska *succés*, "framgång, lycka", eller latin *fortuna*, äldst: "tillfällighet", sedan: "lycklig slump, lycka".

Jämför engelska *happy*: från *hap*, "chance, fortune" som har samma rot som *happen*, happening, dvs. "händelse". Hur något utfaller.

Som det böjer sig, utfaller. Inget annat. Betydelsen att lycka upplevs endast om utfallet är bra eller gott, är alltså ny. Därför kan påstås att lycka är helt oberoende av uppfattningen om händelsers utfall. Och det pekar mycket väl på vår sanna och grundläggande natur: Vi är den lycka i vilket allt händer, alldeles oavsett hur utfallet uppfattas eller bedöms.

En definition av lycka som stämmer väl med detta är *avsaknad av brist*.

# Materialism
Svenska Wikipedia: "en inriktning inom filosofin som grundar sig på åsikten att världen endast innehåller materia som existerar oberoende av oss människor och vår betraktelse av den". En synonym är *fysikalism*. Dess förklaringsmodell för verkligheten börjar med

materia som ger upphov till hjärnor, som ger upphov till psyken, som ger upphov till medvetande. Motsatsen till materialism är *idealism*, vars förklaringsmodell börjar med medvetande, i vilket psyken framträder, i vilket kroppen och världen framträder. Se även *Dualism*.

## Meditation

Från latinets *meditari* som betyder att tänka på, fundera över, kontemplera. Det tibetanska ordet är *gom*, som betyder bli bekant med, van vid. Att bli bekant med vår grundläggande natur, är något vi alltid kan kontemplera, och är egentligen ingen aktivitet, utan att vara det enda som är; Medvetande.

## Medvetande

Närvaron av vad som är medvetet, dvs. vad vi består av. Här avses medvetande att vara vetande, med andra ord alldeles oavsett biologiskt tröskelvärde (se nedan och ordet Veta). Även i kroppsliga tillstånd som djup sömn, narkos och koma är medvetande närvarande, även om medvetande då inte handlar om objekt. Observera att jag använder "Medvetande" i obestämd form – om jag säger "Medvetande**t**", låter det som att det skulle kunna finnas fler. Det gör det inte. Inte heller är medvetande personligt.

I biologisk bemärkelse har ordet i modern tid kommit att begränsas till att betyda *"det mentala tillstånd då sinnesintryck och perception når upp till ett visst tröskelvärde"*, ungefär att kunna svara på stimuli – men det är varken ordets filosofiska eller ursprungliga betydelse.

Jag gör även skillnad mellan medvetande och uppmärksamhet, där det senare är en aktivitet som har en början och slut, vilket det förra inte har. Medvetande är vad som är primärt, grundläggande för uppmärksamhet och alla aktiviteter i psyket.

Vad vi än är medvetna **om**, är inte och kan inte vara Medvetande. Medvetande måste först vara närvarande, innan medvetenheten **om** någonting alls äger rum.

Engelska: *Consciousness.* Ofta även: *Awareness*

## Metafor

Wikipedia: "ett bildligt uttryckssätt där ett begrepp tillfälligt byts ut mot ett begrepp som liknar det ursprungliga begreppet." – oftast i syfte att på ett enkelt sätt peka på något mer komplicerat.

## Mysterium

Ordet är byggt från indoeuropeiska *mu-*, som ursprungligen betecknat olika rörelser med läpparna, "med slutna läppar frambragda ljud" (jämför "muttra").

Det största mysteriet är omöjligt att uttala, dvs. hur något framträder i och ur tid-, gräns- och rumlöst Medvetande. Det är omisskännligt känt och upplevt, men så fort vi försöker uttala något om det (efter att psyket formulerar tankar om det, och munnen ska försöka uttala det), så blir det ett muttrande med stängda läppar, eftersom alla tankar och ord endast är former i vad de försöker beskriva, och en form kan aldrig beskriva vad den kommer ur, på samma sätt som ett strömvirvel i en flod aldrig kan innehålla eller omfatta floden som den består av.

## Mystiker

Wikipedia: *En religiös eller filosofisk åskådning vars anhängare söker nå förening med det översinnliga eller gudomliga eller kännedom om den sanna verkligheten genom att kontemplativt fördjupa sig i den inre erfarenheten.*

## Ontologi

Svenska Wikipedia: "läran om det varande gällande hur världen eller tingen är beskaffade, vilka deras väsensbetingade drag är". Från grekiskans *ontos* + *logia* = varandets lära.

## Perception

En synonym är "varseblivning". Exempel: Efter förnimmelser från sinnesorgan uppstår perception. Men perception sker även efter icke-sensoriska ting, man varseblivs om t.ex tankar och känslor. Ordet kommer från latinets *perceptio* som betyder ta, samla in, i bemärkelsen att samla in uppgifter för att bilda sig en uppfattning om vad som upplevts. Från latinets *per* + *capere* = medelst + fatta tag i.

## Person

Wiktionary: *ursprungligen 'ansiktsmask'; av oklart ursprung, möjligen ett lån från etruskiska phersu, 'mask'.* Vad man ursprungligen ville uttrycka med detta ord har mycket lite att göra med hur ordet används i modernt språkbruk. När det latinska ordet först användes, beskrev man inte något om människans egentliga natur, utan snarare den mask som skådespelare använde, eller att man i livet har man olika masker eller roller. Online Etymology Dictionary säger: ...*'a part in a drama, assumed character,' originally 'mask, false face,' such as those of wood or clay worn by the actors in later Roman theater.*

## Psyke

Svenska Wikipedia: "en individs själ eller medvetande samt företeelser såsom upplevelser och beteenden... Från det grekiska ordet *psychē*, vilket ungefär betyder andedräkt, själ eller liv." Detta omfattar bättre engelskans *mind*. Psyket är det primära Medvetandes lokaliserade aktivitet, precis som en strömvirvel är flodens lokala aktivitet.

## Sann

Troligen från sanskrits *sant* = varande, god, sann, från roten *es* = vara. Så sann hör ihop med varande, att vara och är. Om något **är**, är det sant. I Bhagavad Gita skrev man:

*Det som är, upphör aldrig att vara.*
*Det som inte är, blir aldrig till.*

Jag skriver ofta "vad som Är", just i den bemärkelsen att vad som Är är Sant, dessutom ofta med stor begynnelsebokstav.

# Sinne

Svenska Wikipedia: "neurologiska och psykologiska system för perception av omvärlden och sig själva. Ett sinne är generellt en förmåga genom vilken uppfattning av externa stimuli sker". Ordet används även i samma bemärkelse som engelskans *mind* (som omfattar mer än sensoriska sinnen), men blir då relativt lätt att förväxla med sensoriskt sinne. Jag använder hellre och genomgående i denna bok det mer omfattande begreppet psyke.

# Solipsism

Wikipedia: "ståndpunkten att man bara kan vara säker på att ens egna upplevelser existerar; alla andra varelser samt all materia i världen skulle därför kunna vara enbart en del av den egna livsupplevelsen"

# Storleksordning

Svenska Wikipedia: "En storleksordning eller magnitud är en approximativ gruppering av storheter, där grupperna skiljer sig åt med en viss faktor, och används när skillnaden mellan omfattningen eller storleken av olika företeelser är väldigt stor."

# Synkronicitet

Svenska Wikipedia: "ett iakttagbart meningsfullt sammanträffande utan orsaksmässigt samband."

# Upplevelse

Den subjektiva kvaliteten hos vad som upplevs.

I svenska språket verkar man i filosofiska sammanhang ofta ersätta det med "qualia", som användes i engelskan första gången 1929. Qualia beskrivs som *"den subjektiva kvaliteten hos medvetna upplevelser"*, som ofta är obeskrivbar, som t.ex smaken av ett äpple.

I denna bok använder jag gärna begreppet "direkt upplevelse", för att förtydliga att det handlar om den namnlösa, etikettlösa och intellektuellt obeskrivbara upplevelsen. Den direkta upplevelsen är alltid sann, men när den beskrivs intellektuellt kan beskrivningen aldrig sant representera den **direkta** upplevelsen. Beskrivning och tolkning av en upplevelse sker alltid efteråt, och är färgade av kultur, betingning, minnen mm. Beskrivningen är då mer en uppfattning än en upplevelse.

I modernt språkbruk ersätts ofta ordet upplevelse med uppfattning. Upplevelse sker dock alltid innan uppfattning formas och eventuellt uttrycks. (Även att uppfattningen formas och eventuellt uttrycks är en upplevelse!). Jag kan ana att detta språkbruk har kommit ur intuitionen att en upplevelse inte går att ifrågasätta, till skillnad från en uppfattning. Exempel: "Jag *upplever* dig som hotfull" handlar om en uppfattning som händer i mig i ett visst scenario, så det vore därför mer korrekt att säga "jag *uppfattar* dig som hotfull" (eller ännu tydligare och sant; "jag känner mig hotad"). "Jag upplever att en fågel sjunger" vore mer korrekt uttryckt "Jag uppfattar ljudet jag upplever som att en fågel sjunger", eftersom ljudet faktiskt skulle kunna komma från ett musikinstrument eller en högtalare.

# Uppmärksamhet

Att rikta sin perception och/eller tankeverksamhet mot ett specifikt ting, t.ex ett äpple eller en tanke. I modernt språkbruk används ofta ordet medvetande när man egentligen menar uppmärksamhet – men medvetande är oberoende av uppmärksamhet, och uppmärksamhet är självklart beroende av medvetande som är primärt. Därefter följer perception/varseblivning och därefter uppmärksamhet. Engelska: *Attention*, från latinets *ad* + *tendere* = sträcka sig mot. Exempel: Sinnesorganet förnimmer ett ljud (sant). Jag/medvetande upplever i därefter ett ljud (sant). Jag/psyket varseblivs i samma nu om ett ljud (sant). Jag/psyket riktar därefter min uppmärksamhet mot ljudet – eller inte (sant). Jag/psyket bildar därefter en uppfattning om ljudet – eller inte (sant). Förnimmelsen, upplevelsen och varseblivningen är sanna. Att uppfattningen riktas eller inte är sant. Bildandet av en uppfattning eller inte är sant. Uppfattningen kan vara sann eller falsk.

# Verklig(het)

Från fornsvenskans *værk* = verk, gärning, arbete. En synonym är realitet, som engelskans *reality*. Här avses det som i den direkta upplevelsen är sant och därmed verkligt. Upplevelserna av en tanke, dröm, ljud eller syn är lika sanna och verkliga (även om innehållet i en tanke eller dröm, eller tolkningen av ett ljud eller syn inte nödvändigtvis är sanna). Gemensamt är att någonting sker, framträder, görs – ur eller i något. I vår direkta upplevelse är det alltid tydligt, verkligt och sant att allt sker, framträder, görs i och ur Medvetande.

# Veta

*Veta* kommer troligen från sanskrit *veda* = jag har sett, dvs. inse. *Kunna* däremot kommer från grekiskans *gnosis* = kunskap, kanske från sanskrit *jñāna* = känner till. Kunskap är därför något annat än vetskap. Att veta är egentligen att se eller inse, och är därmed en direkt upplevelse av seende (som inte är ögonens. Jämför engelskans *I see*, jag förstår). "Jag vet att Sverige är en nation" är därför språkligt mindre korrekt än att säga "Jag känner till att Sverige är en nation", eftersom det handlar om kunskap – "att vara i Sverige" är ingen direkt upplevelse, utan endast en konceptuell uppfattning baserad på kunskap om gränser som inte är något annat än ständigt föränderliga linjer på kartor och inte går att hitta i naturen.

Kunskap går att förmedla. Man kan "lära sig" något genom att memorera och repetera. Därför är det inte sant seende. Vetskap däremot, går inte att förmedla, den kan endast upplevas. Vetskap är alltså en insikt i vad man studerar eller observerar. Därför är det sant seende.

"Jag vet att vad jag är, är ett med allt" kan upplevas endast efter att ha sett det, efter insikt om och direkt upplevelse av det. Kanske är det av denna anledning de gamla skrifterna och gurus sagt att det enda vi vet, är att vi är och att vi upplever. Resten, i så fall, är kunskap.